KB055186

10

Abnormal Psychology

정신분열증

이훈진 · 이준득 지음

_ 현실을 떠나 환상으로

학지사

'이상심리학 시리즈'를 내며

21세기를 살아가는 우리는 급격한 변화와 치열한 경쟁으로 이루어진 현대사회에 적응해야 하는 커다란 심리적 부담을 안고 있다. 이러한 현실 속에서 현대인은 여러 가지 심리적 문제와 장애에 직면하게 될 가능성이 높다.

정신건강에 대한 사회적 관심이 증대되면서, 이상심리나 정신장애에 대해서 좀 더 정확하고 체계적인 지식을 접하고자 하는 사람들이 늘어나고 있다. 그러나 막상 전문서적을 접하게 되면, 난해한 용어와 복잡한 체계로 인해 쉽게 이해하기 어려운 것이 현실이다.

이번에 기획한 '이상심리학 시리즈'는 그동안 소수의 전문가에 의해 독점되다시피 한 이상심리학에 대한 지식을 일반 독자들에게 소개하기 위한 것이다. 이를 위해서 다양한 정신장애에 대한 최신의 연구 내용을 가능한 한 쉽게 풀어서 소개하려고 노력하였다.

'이상심리학 시리즈'는 서울대학교 심리학과 임상 · 상담 심리학 교실의 구성원이 주축이 되어 지난 2년간 기울인 노력의 결실이다. 그동안 까다로운 편집 지침에 따라 집필에 전념해준 집필자 모두에게 감사드린다. 아울러 어려운 출판 여건에도 불구하고 출간을 지원해주신 학지사 김진환 사장님과 한 권 한 권마다 좋은 책이 될 수 있도록 성심성의껏 편집을 해주신 편집부 여러분에게 고마움을 표한다.

인간의 마음은 오묘하여 때로는 "아는 게 병"이 될 수 있다. 그러나 이러한 우려보다는 "아는 게 힘"이 되어 보다 성숙하고 자유로운 삶을 이루어나갈 수 있는 독자 여러분의 지혜로움을 믿으면서, '이상심리학 시리즈'를 세상에 내놓는다.

2000년

서울대학교 심리학과 교수

원호택, 권석만

2판 머리말

　정신분열증은 흔히 '정신병'이나 '정신이상'이라고 표현되는 장애 중에 가장 대표적인 장애다. 정신분열증은 정신건강의학과에 입원 중인 환자의 절반 이상을 차지하고, 일반인 천 명 가운데 5명 정도가 적어도 일생 중 한 번 이상 발병할 만큼 흔하며, 환자 자신은 물론이고 주변 사람에게 심한 고통과 어려움을 준다는 점에서 정신건강 분야에서 주요 관심사가 되어 왔다.

　정신분열증의 예방과 치료, 재활과 사회적응을 돕는 일은 전문가뿐 아니라 환자 자신과 가족, 친구나 동료, 지역사회 구성원 등 우리 모두의 몫이 되어야 한다. 정신분열증이 환자 개인이나 그 가족의 문제만은 아니기 때문이다.

　이 책을 쓴 목적이 바로 여기에 있다. 일반인이 가지고 있는 정신분열증에 대한 오해와 편견을 해소하는 데 초점을 두어, 최신 연구 자료에 기초하여 정신분열증의 이해를 도모하고 환

자와 가족 그리고 우리 스스로를 돕는 방법을 소개하려 노력
하였다. 특히 최신 연구 자료와 심리치료 접근을 대폭 보강하
였다.

　이 책에 기술한 내용들은 제한적이고, 더구나 정신분열증
에 대한 새로운 발견들이 계속 이어지고 있어 앞으로 지속적
으로 수정 · 보완이 필요할 것이다. 이러한 한계에도 불구하
고 이 책이 정신분열증으로 고통받는 환자와 가족, 그리고 정
신분열증의 잠재적 위험을 안고 살아가는 모든 사람에게 도움
이 되기를 바란다. 마지막으로 이 책의 많은 내용은 대표저자
의 은사이신 원호택 교수님과 함께 작업했던 것임을 밝힌다.

2016년

이훈진, 이준득

차례

1 정신분열증이란 무엇인가 ── 11

정신분열증이란
무엇인가

Tv 방송사의 생방송 뉴스가 진행되던 중 갑자기 한 남자가 뉴스 진행자 옆에 나타났다. 시청자들은 속보 내용이 있어 메모를 전달하러 들어온 방송사 진행요원 중 한 사람일 거라고 생각했다. 그런데 그 남자는 갑자기 마이크를 잡더니, "여러분 제 귀에 도청장치가 되어 있습니다"라고 외쳤다. 그는 정신분열증 환자로 밝혀졌고, 자신의 귀에 도청장치가 되어 있어서 누군가가 자신의 생각을 다 알고 있다고 믿었으며, 그 사실을 사람들에게 알려 도움을 구하려 했던 것으로 밝혀졌다.

저자 중 한 사람이 버스를 타고 가던 중이었다. 건너편에 한 중년 남자가 앉아 있었다. 그 사람은 더운 날씨인데도 두툼한 양복에 넥타이를 차려 입고, 입에는 마스크를 하고 있었으며, 귀에는 이어폰을 한 채 주변 사람들에게 들릴 정도로 크게 음악을 듣고 있었다. 그리고 손에는 과자봉지를 들고 쉴 새 없이 과자를 먹고 있었다. 그 남자의 앞쪽에는 두 명의 할머니가 통로를 사이에 두고 앉아 서로 대화를 나누고 있었다. 할머니들의 대화는 자식 얘기 같은 우리가 흔히 들을 수 있는 일상적인 내용이었다. 그런데 갑자기 그 남자가 할머니들에게 화를 내며 소리를 질렀다. "이봐요 할머니, 왜 서로 신호를 주고받고 그래요? 내가 모를 줄 알았어요? 그 사람들이 날 죽이라고 시켰죠? 어림없어요. 늙은이들을 시키면 내가 눈치 못 챌 줄 아나!" 그 사람의 말에 따르면, 자신을 죽이려고 간첩들이 따라다니는데, 의심을 안 받는 노인을 시켜 자신을 해치려 했다는 것이다. 그리고는 할머니들에게 그 사실을 자백하라고 요구하였다. 한참을 할머니들과 소리를 지르며 싸우던 그 남자는 다음 정거장에서 내렸다.

위의 두 사례는 저자들이 정신병원이 아닌 일상생활 중에서 직접 경험한 사례들이다. 이 책을 읽는 독자들도 생활하면서 그리고 수많은 사람을 만나는 가운데 간혹 이와 유사한 행동을 하는 사람들을 볼 수 있었을 것이다. 이런 행동들이 바로 정신분열증 환자에게서 전형적으로 볼 수 있는 행동 중 일부다. 그렇다면 정신분열증이란 과연 무엇이며, 어떤 특성과 증상을 나타내는가? 도대체 그 원인은 무엇이며, 어떤 경과를 보이는가? 그리고 어떻게 치료할 수 있을까? 그들은 일반적인 사람들과는 전혀 다른 특별한 사람들인가?

이제 이러한 의문들에 대해 검토해보기로 하자.

1. 정신분열증의 역사

1) 정신분열증과 정신병

정신분열증schizophrenia은 사람들이 흔히 '미쳤다'고 표현하거나 정신증psychosis이라고 부르는 상태 중 가장 전형적이면서 가장 심각한 장애를 지칭하는 용어다. 현대식 분류체계가 정립되기 전에는 사람들이 보이는 이상행동을 크게 정신증, 신경증neurosis, 성격장애로 구분하기도 했다.

여기서 정신증이란 세상을 보고 느끼고 생각하고 의식하는 정신 기능이 변화되어 현실에 대해 다른 사람이 이해하기 힘든 엉뚱한 판단을 하며, 자기 자신에 대해서도 비현실적인 생각을 하고 이를 실제인 것으로 믿는 증상을 말한다. 앞의 사례에서 나타난 피해망상적 생각과 행동누군가 나를 해치려 한다는 믿음, 내 귀에 도청장치가 되어 있다는 믿음과 그에 따른 행동들이 그 대표적인 예다. 따라서 정신증을 신경증이나 성격장애와 구분 짓는 가장 큰 특징은 현실감각전문가들은 이를 현실검증력reality testing이라고 부른다의 상실이다. 다시 말해 이들은 현실과의 끈이 단절되어 일, 공부, 대인관계를 비롯한 다양한 생활영역에서 정상적인 적응이 어려운 사람들이다.

정신증 범주에 속하는 장애에는 양극성 장애Bipolar Disorder, 일반인들에게는 조울증으로 더 잘 알려진 기분장애, 주요 우울장애Major Depressive Disorder, 뇌손상 등 기질적 원인에 의한 정신병 등이 있으나, 가장 주목받는 것은 역시 정신분열증이다. 정신건강의학과에서 치료받는 환자의 약 70%, 입원 환자의 약 55%가 정신분열증이라는 점에서도 정신분열증에 대한 이해는 중요하다.

2) 정신분열증의 기원

정신분열증이라는 용어는 '분열된' '분리된'을 뜻하는 그리스어 "schizo"와 '마음' '정신'이라는 뜻의 그리스어 "phrenia"의 합성어다. 결국 정신분열증이라는 용어의 원래 의미는 '분열된 마음 또는 정신'이다. 이 용어는 19세기 말 스위스의 정신과 의사 오이겐 블로일러Eugen Bleuler(1857~1939)가 처음 사용하였다. 뇌가 기능적으로 분리되었다는 관찰에 따라 붙여진 명칭이었지만, 이러한 '분리splitting'라는 개념의 사용은 이후 많은 일반인에게 오해를 불러일으켰다. 마치 마음이 찢어지고 갈라진 병으로 오해받기도 하였고, 한 사람에게 여러 개의 성격이 존재하는 다중성격장애해리성 정체감 장애와 같은 의미로 혼동하기도 하였다. 이로 인해 여러 나라에서 명칭에 대한 개정 논의가 활발하게 진행되었고, 2011년 국내에서는 정신의학자를 중심으로 '조현병調絃病'이라는 새로운 명칭이 제안되기도 하였다. 명칭에 대한 쟁점은 뒤에서 더 상세히 다루도록 하겠다.

현대 의학과 과학적 심리학이 발전하기 전, 정신분열증을 비롯한 정신병에 대한 입장은 크게 초자연적인 힘악마, 귀신, 악령에 의한 것이라는 입장과 자연적인 힘뇌, 체질, 동양의 음양설 등을 원인으로 가정하는 입장으로 양분되었다.

(1) 초자연적인 힘: 귀신론

초자연적인 힘을 강조하는 입장은 고대 사회에서 현대에 이르기까지 다양한 문화에서 존속되고 있다. 귀신을 쫓기 위해 굿을 하는 모습은 현재 우리나라에서도 어렵지 않게 찾아볼 수 있다. 고대 사회에서는 귀신론이 정신병에 대한 원인론으로 간주된 것으로 보인다. 그 근거로, 고대 사회의 유물을 발굴하다가 고대인의 것으로 보이는 구멍 난 두개골을 발굴했는데, 학계에서는 머릿속에 들어있다고 생각되는 귀신을 내쫓기 위해 살아있는 사람의 두개골에 구멍을 낸 것이라는 주장이 주류를 이루고 있다.

사실 귀신론은 중세 유럽에서 가장 성행하였다. 당시 로마 가톨릭의 영향으로 이 세상은 사탄이나 악령과의 전쟁터로 간주되었고, 정신병적 행동은 귀신이나 악령의 작용으로 이해되었다. 심지어 정신병 환자를 죄를 지어서 신의 벌을 받은 사람으로 보거나 마귀와 한통속이 되어 마귀의 하수인 역할을 하는 사람으로 여겨, 쇠사슬로 묶고 족쇄를 채워 지하에 가두거나 화형을 시키기까지 하였다.

이러한 귀신론은 16, 17세기경 유럽과 미국에서 절정에 달했고, 질병론적 시각과 함께 인간의 존엄성이 강조되면서 서서히 줄어들기 시작했다. 그러나 귀신론적인 입장은 현대사회에도 엄연히 존재하고 있으며, 이러한 오해는 정신질환자에 대한 비인간적 처우의 구실이 될 수 있다는 점에서 심각한 문제라고 할 수 있다.

(2) 자연적인 힘: 질병 모델의 출현

프랑스의 내과 의사 필리프 피넬Philippe Pinel(1745~1826)은 정신분열증을 비롯한 정신병이 귀신과는 관계없는 일종의 질병이라고 보고 그들을 쇠사슬로부터 해방시킨 선구자다. 그의 노력에 힘입어 환자에게 인도적인 처치가 행해졌고, 환자의 증상에 대한 보다 상세한 기록이 이루어졌다. 그리고 그 이후 정신장애를 분류하고 기술하기 시작했는데, 기술정신의학의 아버지라고 불리는 에밀 크레펠린Emil Kraepelin(1856~1926)이 그 대표적 인물이다.

(3) 조발성 치매 그리고 정신분열증의 등장

질병론적 입장의 현대적인 정신장애관을 가진 크레펠린은 오늘날의 정신분열증에 '조발성 치매dementia praecox'라는 이름을 붙여주었다. 그가 '치매'라는 용어를 사용한 이유는 정신분열증을 회복될 수 없는 기질적 퇴화를 포함하는 병으로 보았기 때문이며, 정신분열증이 주로 청소년기에 발병하기 때문에 조발성이라는 용어를 사용하였다. 다시 말해서 크레펠린은 정신분열증이 치매처럼 뇌의 기질적 퇴화에 의한 것이며, 따라서 회복이 불가능하다고 보았다. 그는 정신분열증이 기질적 장애이기 때문에 심리적 요소는 중요하지 않다고 생각했다. 또한 정신분열증의 원인은 단일하다고 가정했다.

그러나 정신분열증이라는 용어를 처음 사용한 블로일러는 정신분열증의 심리적 측면에도 관심을 가졌다. 그는 정신분열증은 지知, 정情, 의意, 행동行動 등의 기능이 서로 분리되어 나타난 것이며, 단일 장애가 아니라 서로 다른 원인과 결과를 가진 장애들의 집합이라고 주장하였다.

그렇다면 이 두 주장 중 어느 쪽이 옳은가? 정신분열증은 정말 회복이 불가능한가? 정신분열증은 공통 원인과 경과를 가지는 단일 장애인가?

현재까지의 연구결과를 바탕으로 답하자면, 정신분열증 환자 중 상당수는 회복이 가능했으며, 단일 원인에 의한 단일 질병이기보다는 다양한 원인이 복합적으로 작용해서 나타나는 증상이나 장애들의 집합으로 보는 것이 타당하다는 것이다.

지난 30년 간 정신분열증에 대한 연구는 전 세계에서 무수히 쏟아져 나왔으며, 유전학, 뇌 과학, 뇌 영상, 신경심리학, 인지 이론의 발달과 더불어서 과학적 개념과 문제의 정의도 상당히 달라졌다. 원인론적 정의는 비록 불완전하다고 하더라도 적어도 정신분열증이라는 하나의 증상적 범주는 어느 정도 합의를 이루었다고 볼 수 있다. 1994년 발간된『정신장애의 진단 및 통계 편람-제4판DSM-IV; American Psychiatric Association 이하 APA』(1994)에 이어 제5판DSM-5(APA, 2013)에서도 약간의 수정 외에 거의 유사한 진단기준을 유지하고 있는 점을 고려했을 때, 학자 및 임상가들 사이에서 잠정적인 의견 일치는 이루어진 상태로 보인다.

원인론과 관련하여 유전연구에서는 정신분열증은 서로 다

른 여러 유전자에 의해서 발병할 수 있는 이종적異種的 특성
이 있고, 장기 치료 추적 연구에서는 여러 경과를 거치지만
회복은 가능한 증후군이라는 합의가 있다. 이에 따라 치료적
가이드라인 역시 통합된 체계를 형성하는 경우가 많아졌다
(Kreyenbuhl, Buchanan, Dickerson, & Dixon, 2010).

그렇다고 해서 유전-생물학적 연구가 모든 것을 설명하지
는 못한다. DSM-IV 개정위원장을 지낸 앨런 프랜시스Allen
Frances 박사는 "어떤 장애든 한 유전자, 신경전달물질, 신경회
로로 설명할 수 있으리라는 기대는 순진한 망상으로 드러났
다"며 정신분열증으로 가는 경로는 하나만 있는 것이 아니
라 수십 가지 어쩌면 수백, 수천 가지일 수도 있다고 하였다
(Frances, 2013/2014). Tsuang, Faraone과 Glatt(2011)도, 정
신분열증은 단일 장애가 아니고 심각도, 경과, 결과 등에서
다른 관련 상태들의 스펙트럼으로 구성된다고 주장하며, 원
인과 발현 모두 복합적이고 원인, 발달, 병리, 치료 면에서 모
르는 것이 많다고 하였다. 특히 정신분열증은 독립적인 질병
실체discrete disease entity가 아닌 연속선상의 심리기능 중 한 지점
으로 개념화해야 한다고 강조하기도 하였다. 따라서 정신분
열증의 실체에 대해 더 많은 연구가 필요하다.

3) 명칭에 대한 오해와 혼란

앞서 살펴본 대로, 정신분열증이라는 용어는 정신이 분열된 사람 혹은 마음이 쪼개진 사람으로 단순히 이해하거나, 마음과 성격을 동일한 것으로 취급해 정신분열증을 두 개 이상의 서로 다른 성격을 가진 상태로 오해할 수 있다. 이러한 오해는 그리스어를 차용하여 새로운 단어를 만들어낸 서양권보다 오히려 한자어식 해석을 사용해야 하는 동양권에서 더 많았다. 한자어는 그리스어를 조합한 것신조어과는 달리 명칭만으로도 의미 전달이 가능하다는 측면이 있다. 이로 인해 한자적 해석이 가능한 정신분열증의 명칭은 오해가 더 많을 수 있다.

사실 정신분열증精神分裂症이라는 명칭은 아시아권에서 서양의학을 비교적 빠르게 수용한 일본에서 블로일러의 개념을 재구성하여 번역한 것이다. 그 의미상 정확성은 따로 논의하더라도, 일본에서는 이 명칭을 조발성 치매에 가까운 '난치병'이라는 개념으로 사용하였고 한국은 이를 그대로 받아들였다(Sato, 2008).

더 심각한 문제는 개념적 혼란에만 있지 않았다. 정신분열증이라는 명칭이 통용되면서 사회 전반에 편견을 동반한 낙인효과예를 들어, 타인을 조롱하거나 비하하는 의미로 사용되는 등를 낳게 되었다. 이로 인해 환자, 환자 가족, 사회 구성원이 애써 문제를 부인하거나 치료를 회피하는 등의 정서적 거부감으로 인한 부작용도 있었다.

이러한 문제를 해결하기 위해 일본은 2002년 '통합실조증統合失調症'이라는 새로운 이름을 도입하였고, 홍콩 역시 '사각실조思覺失調'로 명칭을 개정하였다(Chung, Li, & Park, 2008). 우리나라 역시 2007년 가을부터 논의를 시작해 2011년 '조현병調絃病, attunement disorder'이라는 이름으로 정신분열증을 대체하자는 제안이 있었다. 조현병이라는 말의 뜻은 '현악기의 줄을 고르다'라는 뜻의 한자어 '조현調絃'을 신경계의 조율이 적절하게 이루어지지 않았다는 현상의 은유로서 표현한 것이다. 그러나 이 명칭은 사고의 이완과 같은 현상을 나타내는 데는 유리하지만, 지나치게 어려운 용어이기도 하고 다른 정신장애와의 구분이 명확하지 않은 개념이라는 비판도 있다(대한조현병학회, 2011). 그 탓인지 아직까지는 정신분열증이라는 명칭과 혼용하고 있고, 너무 낯선 명칭으로 오히려 일반 사회에서는 조현병이 무슨 병인지 전혀 감을 잡지 못하거나 오해를 사는 경우도 있는 것으로 보인다. 그러나 2011년 「약사법」 개정을 통해 조현병이라는 명칭이 법적인 효력을 갖게 되었으므로,[1] 장

---

1 「약사법」 일부 개정안 [법률 제11251호, 2012.02.01., 일부개정 및 시행]

기적으로는 이 명칭이 정착하리라고 생각한다.

어쨌든 정신분열증이든 조현병이든 전문가들에 의해 정의된 진단기준을 충족하는 특수한 정신장애를 기술하기 위한 진단적 용어일 뿐이다. 따라서 용어 자체에서 오는 혼돈에 빠지지 않도록 조심해야 한다. 참고로 덧붙이자면, 세계보건기구 WHO에서 발간하는 『국제질병분류체계ICD』와 미국정신의학회 APA에서 발간하는 『정신장애의 진단 및 통계 편람DSM』에서는 영어 명칭 'Schizophrenia'의 변경은 고려하고 있지 않다고 한다. 만일 영어권 문서의 독해가 가능한 독자의 경우에는 혼란이 없으리라 생각된다. ❖

2. 정신분열증의 진단기준과 그 쟁점

1) 진단과 그 쟁점

진단diagnosis이란 대부분의 전문가의사, 임상심리학자가 동의하는 질병의 정의를 말한다. 예를 들어 암, 폐결핵, 위궤양 등과 같은 신체적 질병에 내려지는 진단을 정신병리나 이상심리 영역에 적용해보면 쉽게 이해가 될 것이다. 이러한 진단명은 임의적으로 이루어지는 것이 아니라 긴 시간의 연구와 관찰에 의해 정해진다. 정신건강의학과 영역에도 '정신분열증'을 비롯한 수많은 진단명을 사용하고 있는데, 각 진단의 엄밀성은 근거와 과학적인 연구결과에 의해 뒷받침되는 정도에 따라 차이가 있다.

신체적 질병에 대한 진단과 정신적 장애에 대한 진단의 중요한 차이는, 정신적 장애의 경우 아직 그 원인이 분명히 밝혀

진 것이 아니므로 현재 사용되는 진단이 그 장애에 대한 최종
적인 정의는 아니라는 점이다. 따라서 같은 진단을 받은 사람
도 원인, 주 증상, 경과 및 예후 등 많은 측면에서 서로 다를
수 있다.

현재 진단체계가 범주론에 근거하고 있는 점도 쟁점이 되
고 있다. 범주론은 정신장애들이 서로 독립적인 특성을 가진
질병 실체이며 정상과 이상을 질적 차이로 구분할 수 있음을
전제로 하는데, 블로일러는 정신분열증을 연속선상의 현상으
로 보았고, 최근 연구결과들도 정신분열증을 비롯한 정신장
애 증상들을 개인차 차원들dimensions의 집합으로 본다(예:
Eisenberg et al., 2009; Flett, Vredenburg, & Krames, 1997).
심지어 정신장애의 명칭과 진단은 과학적으로 구성된 것이기
보다는 전문가들이 사회적으로 구성한 추상적 개념이며, 발견
된discovered 것이기보다는 발명된invented 것이라는 비판도 있다
(Maddux, Gosselin, & Winstead, 2012). 이러한 경험적 근거를
바탕으로 DSM-5(APA, 2013)에서는 차원론이 폭넓게 채택될
것으로 예상하였으나, 결과적으로 그렇게 되지 않았다. 이에
대해, 프랜시스(2013/2014)는 DSM 진단은 전체 평가의 일부
로 간주해야 하고, 전체 평가는 개개인의 복잡하고 개인적인
측면들을 종합해 고려해야 한다고 주장하며, "요즘 의사들은
'환자에게 어떤 병이 있느냐보다는 환자가 어떤 사람인지 아

는 것이 중요하다'고 했던 히포크라테스의 지혜를 잊었다"고 비판했다(p. 61). 또한 정신분열증에 대해서도, "정신분열증 은 신화도 아니고 질병도 아니다. 그저 유용한 개념이다. 그것 은 특수한 정신적 문제들의 집합을 묘사한 용어일 뿐"이라고 지적했다(p. 54).

물론 이러한 쟁점들이 있다고 해서 진단의 가치를 과소평 가 해서는 안 된다. 정신장애의 원인을 밝혀내고 효과적인 치 료방법을 찾기 위해서는 증상에 따라 분류하고 연구하는 것이 필수적이기 때문이다. 더구나 현재 사용하고 있는 진단준거 들은 이미 수십 년간의 연구와 관찰에 근거해 설정하고 수정 해온 것이다. 따라서 우리는 진단을 빈틈없는 확고부동한 진 리로 받아들이기보다는 정신장애 영역에서 환자를 분류하고 치료와 과학적 연구를 위해 사용하는 일종의 실행 규칙이라고 보면 된다.

현재 전 세계적으로 널리 사용되는 정신장애 분류체계는 1992년 세계보건기구WHO에서 발간한『국제질병분류체계-제 10판International classification of disease, 10th ed.: ICD-10』에 포함된 정 신장애 진단분류체계와, 2013년 미국정신의학회에서 제작한 『정신장애의 진단 및 통계 편람-제5판Diagnostic and statistical manual of mental disorders, 5th ed.: DSM-5』이다. 이 두 체계 모두 정신 장애의 원인에 대한 이론들 중 어느 하나에 치우치지 않고 관찰 가능한 증상과 증후를 위주로 분류하는 것을 원칙으로 하고 있다.

2) 정신분열증의 진단기준

ICD-10과 DSM-5에 제시된 정신분열증의 진단기준은 크게 핵심 증상, 경과 기준, 배제 기준으로 나누어진다. 핵심 증상이란 정신분열증의 특징적 증상들을 말하며 사고, 지각, 정서, 행동상의 증상들을 포함한다. DSM-5의 경우 망상, 환각, 와해된 언어, 심하게 와해된 행동이나 긴장증적 행동, 감소된 정서 표현이나 무의욕증 등의 음성 증상 중 2개 이상이 1개월 이상 지속되는 것성공적인 치료를 받아 증상이 완화되었다면 그 이하로 지속되어도 정신분열증 진단이 가능함을 핵심 증상으로 하고 있다(APA, 2013).

그런데 문제는 이러한 증상들이 정신분열증에서만 나타나는 것이 아니라는 점이다. 이런 문제를 해결하기 위해 경과 기준과 배제 기준이 설정되었다. DSM-5에 제시된 경과 기준은 장애 시작으로 인해 학업 · 직업 · 대인관계 · 자기관리 능력에 현저한 손상이 있을 것 그리고 정신분열증의 지표가 6개월 이상 지속될 것 등이다. 즉, 장애가 6개월 이상 지속되는 가운데 최소한 한 달 이상은 핵심 증상이 두드러지게 지속되어야 한다는 것이다.

배제 기준이란 정신분열증과 유사한 증상과 경과를 보이지만 정신분열증이라고 진단 내릴 수 없는 경우다. 원인이 전혀 다른 장애를 정신분열증으로 오인함으로써 생기는 문제들이 심각하기 때문에 배제 기준을 아는 것은 매우 중요하다. 진단이 잘못되면 효과적인 치료시기를 놓치거나 문제 행동을 방치함으로써 개인의 인생과 삶에 치명적인 손상을 줄 수 있기 때문이다.

정신분열증과 혼동하기 쉬운 장애에는 분열정동장애나 양극성 장애, 우울장애 등 기분장애와 약물 혹은 신경학적 손상, 생리학적 불균형, 감염 등 신체적 원인에 의해 증상이 발생하는 경우가 있다. 또한 핵심 증상은 같지만 경과 기준에서 다른 장애도 있는데, 단기 정신증적 장애brief psychotic disorder나 정신분열형 장애schizophreniform disorder 등이 그것이다. ◆

🔑 정신분열증(또는 조현병)의 진단기준 (DSM-5; APA, 2013)

A. 다음 중 2가지 이상의 증상(1, 2, 3 중 하나는 반드시 포함) 이 1개월 동안(성공적으로 치료되었을 경우에는 그 이하일 수도 있음) 상당 부분 시간에 나타나야 한다.

　1. 망상.

　2. 환각.

　3. 와해된 언어(예: 빈번한 주제 이탈이나 뒤죽박죽된 표현).

　4. 심하게 와해된 행동이나 긴장증적 행동.

　5. 음성 증상들(예: 감소된 정서 표현이나 무의욕증).

B. 이러한 장해가 시작된 후 상당 부분의 시간 동안, 한 가지 이상의 주요한 영역(일, 대인관계, 자기 관리)의 기능수준이 장해의 시작 전보다 현저하게 저하되어 있어야 한다(아동기 나 청소년기에 시작될 경우에는 대인관계, 학업적 또는 직 업적 기능에서 기대되는 수준에 이르지 못해야 한다).

C. 장해가 계속 진행되고 있다는 징후가 최소한 6개월 이상 지속되어야 한다. 이러한 6개월의 기간에는 기준 A를 충족 시키는 증상들(즉, 활성기의 증상)을 나타내는 1개월 이상의 기간과 더불어 전구기 또는 잔류기의 증상이 나타나는 기 간을 포함한다. 이러한 전구기나 잔류기 동안, 장해의 징후 는 단지 음성 증상만으로 나타나거나 기준 A에 열거된 2개 이상의 증상이 약화된 형태(예: 기이한 신념, 비일상적인 지 각경험)로 나타날 수 있다.

D. 분열정동장애와 정신증적 특성을 나타내는 우울 또는 양극 성 장애의 가능성이 배제되어야 한다. 즉, (1) 주요 우울 삽 화나 조증 삽화가 활성기 증상과 함께 동시에 나타난 적이

없어야 한다. (2) 만약 기분 삽화가 활성기 증상과 함께 나타났었다면, 그것은 활성기와 잔류기의 전체 기간 중 짧은 기간 동안에만 나타난 것이어야 한다.

E. 이러한 장해는 물질(예: 남용 물질, 치료약물)이나 다른 신체적 질병의 생리적 효과에 의한 것이 아니어야 한다.

F. 아동기에 시작하는 자폐 스펙트럼 장애나 의사소통 장애를 지닌 과거병력이 있을 경우, 정신분열증의 진단에 필요한 다른 증상에 더해서 현저한 망상이나 환각이 1개월 이상(성공적으로 치료될 경우 그 이하로) 나타날 경우에만 정신분열증을 추가적으로 진단하게 된다.

3. 정신분열증의 증상

정신분열증은 다양한 양상의 증상을 나타낼 수 있는데 인지사고 및 지각, 정서, 동기, 운동, 사회 기능 등에 장애나 결함을 보인다. 여기서는 정신분열증의 특징적 증상들을 살펴볼 것인데, 이 증상들을 모두 다 경험하는 환자는 드물다는 점을 미리 밝혀둔다. 또한 이 증상들은 정신분열증 이외의 다른 상태에서도 나타날 수 있다는 점도 다시 한 번 강조한다.

1) 망상

앞서 진단기준에서 보았듯이 망상delusion은 정신분열증의 증상 중 가장 두드러진 증상이다. 이 책의 첫머리에 소개된 두 사례에서 '내 귀에 도청장치가 되어 있다'라는 생각이나 '간첩이 날 죽이려 하고 있다'는 믿음이 곧 망상이다. 객관적 증거가 없는데도 그렇다고 믿고 있는 것이다. 그렇다면 망상이란 정말로 근거가 전혀 없는 병적인 현상이며, 정상적인 사람은 이해할 수 없는 헛되고 황당무계한 생각일 뿐일까?

전문가들의 견해는 크게 2가지 입장으로 양분되어 있다. 하나는 망상이란 외부 세계에 대한 잘못된 판단이며 비정상적인 신념이라는 것이다. 칼 야스퍼스Karl Jaspers(1883~1969)가 자신의 저서인 『일반 정신병리학General Psychopathology』(1963)에서 이러한 언급을 한 이후로 많은 정신병리학자가 이 견해를 받아들였다. 이 입장은 망상이 이해 불가능한 병적 현상이며 정상적인 사람이 가지고 있는 신념체계와는 질적으로 다르다고 주장한다.

망상에 대한 두 번째 입장은 주로 정신의학자보다는 심리학자에게 선호되는 이론으로, 망상이 정상적 신념과 질적으로 다른 병적 현상이 아니라 정상적인 사람도 가질 수 있는 생각이 극단화된 것이라고 보는 입장이다. 망상이 특정한 주제특히 환자의 사회적 위치나 처지를 반영하는 내용를 가지는 점을 보더라도 어느 날 갑자기 어떤 질병 때문에 난데없이 나타난 것은 아님을 알 수 있다. 잘 이해하려 노력하고 그 사람의 처지와 성장배경, 심리적 욕구와 동기를 자세히 살펴보면 망상이 그 자신에게는 상당한 의미가 있음을 발견할 수 있고, 많은 사례에서 그 사람이 망상을 가지기 전에 가지고 있던 걱정이나 실제적 경험이 망상에 반영된다는 점에서도 이 입장이 설득력이 있다. 이런 점에서 이 입장의 학자들은 정상적인 사람의 사고 과정과 망상을 형성하게 된 사람의 사고 과정이 근본적으로 다르지는 않다고 보았다.

전 세계적으로 널리 사용되는 DSM에서도 4판까지는 망상이 일상적 신념과 구분되는 현상이라고 생각했으나, 최신 개정판인 DSM-5(APA, 2013)에서는 그러한 구분된 접근보다는 정상적 사고내용의 연속선에 가까운 것이라고 기술하고 있다. 기괴함에 대한 언급이 그러한 면을 반영하고 있는데 그 내용은 다음과 같다.

> 망상이란 불일치하는 증거에도 바꾸려고 하지 않는 고정된 신념이다. … (중략) … 망상은 그 내용이 명백히 그럴듯하지 않고, 같은 문화권의 사람들에게 이해받을 수 없으며, 일상적인 삶의 경험에서는 나올 수 없을 때 '기괴하다'고 여겨진다. 기괴한 망상의 한 예로, 어떤 외부의 힘에 의해서 아무 상처도 없이 자신의 내부 장기가 제거되어 다른 사람의 장기로 대체되었다는 망상이 있다. 기괴하지 않은 망상의 예로는 확실한 증거가 없음에도 자신이 경찰의 감시를 받고 있다는 신념이 있다. … (중략) … 때론 망상과 개인이 강하게 신봉하는 생각 간에 구분이 어려우며, 부분적으로

는 명백하거나 합리적인 반대 증거에도 불구하고 그가 고수
하려는 신념을 얼마만큼 확신하는지에 따라 구분하게 된다
(p. 87).

정신분열증을 진단하던 초기에는 '기괴한' 망상bizarre
delusion이 정신분열증 진단의 가장 핵심적인 증상으로 고려되
기도 하였다. 비교적 오랫동안 중요하게 생각되었던 기괴함
의 정도는 모두가 동의하는 기준도 없고, 망상의 기괴함을 평
가하기 위한 객관적 특징도 합의된 바 없었다. 오래전 독일의
정신병리학자 쿠르트 슈나이더Kurt Schneider(1887~1967)는 일급
증상first-rank symptoms이라고 불리는 특정한 내용의 망상으로 정
신분열증을 구분하고자 하였는데, 이는 과학적이지 않은 것으
로 밝혀지기도 하였다. 다시 말하면 정신분열증 환자라고 해서
기괴한 망상만을 보이는 것도 아니고, 기괴한 망상이 없다고
하더라도 정신분열증으로 진단될 수 있다는 뜻이다. 하지만 망
상의 기괴함에 대한 독자들의 이해를 돕기 위해서 현재 통용되
고 있는 기괴함의 평가기준을 언급하고자 한다(Cermolacce,
Sass, & Parnas, 2010).

• 명백히 물리적/논리적으로 불가능함.
• 살고 있는 사회의 사회적 · 문화적 맥락에서 일반적으로

공유될 수 없는 신념이 존재함.

- 역사적 혹은 유전적 이해의 부재: 이는 어떠한 마음 상태가 그의 가계 내 조상으로부터 유래되었다고 이해될 수 없음을 의미함.

- '안정적 이해static understanding'의 결여라는 뜻에서 이해 불가능함incomprehensibility.

- 일반적인 삶의 상황에서 나올 수 없는 생각.

앞서 명시되었지만, 망상을 평가할 때는 망상의 내용이 그 개인이 속한 문화나 하위문화의 일반적인 통념과는 동떨어진 것인지를 주의 깊게 검토해야 한다. 만약 어떤 사람이 바위 속에 혼령이 있다고 믿는 부족의 일원이라면 이런 생각은 그가 속한 문화의 사람들이 공유하는 것이므로 망상으로 볼 수 없다.

망상은 주제나 내용에 따라 여러 가지 유형으로 나타날 수 있다. 망상 중 가장 흔한 것은 피해망상persecutory delusion이다. 어호근과 김광일(1993)의 조사에 따르면, 정신분열증 환자의 망상 중 피해망상이 62.4~64.6%에 이른다. 피해망상은 누군가 나를 괴롭히거나 내가 누군가에 의해 피해를 입고 있다는 강한 신념이며, 때로 누군가가 나를 죽이려 한다고 믿는다. 그 대상은 기관원, 간첩, 주변 인물 등 다양하다.

그다음으로 흔한 것이 과대망상grandiose delusion이다. 과대망 상이란 자신을 아주 위대하고 대단한 능력을 가진 사람이라고 믿는 것으로, 자신을 구세주나 위대한 발명가라고 생각하는 것이 그 예다. 이러한 과대망상은 때로는 피해망상과 결부되 어 사람들이 자신을 시기하거나 경계해서 해치려 한다고 생각 하기도 한다.

이외에도 누군가에 의해 자신의 생각과 행동이 지배받고 있다고 믿는 조종망상, 자기의 생각을 다른 사람들이 알고 있 다고 생각하는 사고전파, 배우자가 부정을 저지르고 있다는 부정망상, 저명인사나 연예인 등이 자신을 사랑하고 있다고 믿는 애정망상, 외계인이나 영적 존재 또는 누군가가 자신에 게 어떤 생각을 주입하고 있다고 믿는 사고주입 등이 있다.

2) 환각

정신분열증의 다른 핵심 증상은 환각hallucination으로, 외부자 극이 없음에도 어떤 소리나 형상을 지각하는 경우 또는 외부 자극에 대해서 현저하게 왜곡된 지각을 하는 경우에 환각이라 고 할 수 있다. 환각은 외부 자극이 없는 상태에서 감각 경험 을 하는 것으로, 실존하는 사물을 잘못 지각하는 상태인 착각 illusion과는 다르다. 예를 들어, 밤길을 가다 비닐이 날리는 것

을 보고 순간적으로 귀신이나 다른 대상으로 오인했다면 이것
은 착각이다. 비닐은 분명히 거기 있었고, 다른 대상으로 오인
하는 것이 지속되지도 않았기 때문이다. 그렇지만 환각에서
는 존재한다고 믿는 대상이 실제로 존재하지 않는 경우가 많
고, 있다 하더라도 왜곡이 심하다. 환각은 감각의 종류에 따라
환청, 환시, 환후, 환촉, 환미로 구분한다.

환청auditory hallucination이란 해당 소리자극이 없는 상태에서
누군가의 목소리나 여러 사람이 대화하는 소리, 이상한 소리,
음악 등을 듣는 것을 말한다. 정신분열증에서는 두 사람 이상
이 환자 자신에 대해 얘기하는 소리를 듣는 것이 가장 일반적
인 환청의 형태다. 환청만큼 흔하지는 않지만, 헛것을 보는 환
시visual hallucination, 기이한 냄새를 느끼는 것과 같은 환후olfactory
hallucination, 피부에 벌레가 기어 다니거나 무언가가 피부에 박
히는 느낌을 경험하는 것과 같은 환촉tactile hallucination, 음식을
먹지 않았는데도 생생한 맛을 경험하는 것과 같은 환미gustatory
hallucination도 정신분열증에서 보고된다.

정신분열증에서는 환청이 일반적인 편이며, 환시만 나타나
는 경우는 정신분열증이라기보다는 다른 뇌 장애일 가능성이
높다. 예를 들어, 일부 치매 증상이나 섬망의 경우 환시가 더
흔하며, 약물 중독이나 그로 인한 금단 증상에서는 환촉도 흔
한 편이다. 환각도 망상처럼 그 문화적 맥락을 고려해야 하는

데, 명상 상태나 종교적 체험에 따른 환각의 경우 정신분열증
이나 정신병이라고 단정 지을 수 없다.

3) 와해된 언어

정신분열증 환자의 사고 과정에 문제가 있음을 가장 쉽게 눈
치챌 수 있는 부분 중 하나가 그들이 하는 말이다. 다음은 한 정
신분열증 환자가 심리검사 중 반응한 내용의 일부다.

> 이건 우리 집인데 이사 가서 잘 살다가 건물 지은 분들이
> 계속 작업하셔서, 아이들이 있으면 우유를 먹어야 되는데,
> 우유는 파스퇴르 우유가 좋다. 옆집 언니는 아기가 약하다.
> 또 유산해서 못 낳는다. 놀이공원 가서 부딪치는 차도 타고
> 이불도 잘 꿰맨다고 자랑하고…, 차를 대는 터를 보고 거기
> 를 샀다. 근처에는 대구우유도 생겼다. 축협우유… 엄마는
> 건국우유를 드신다…. 텔레비전이 터지면 죽듯이 꽃도 변화
> 한다. 세상이 터지고 무궁화도 변하면 못 알아보고 노래자
> 랑을 선호하고 텔레비전 다 있으니까 가요 같은 거 잘 모르
> 니까 이산가족 아픔을 노래한 가수도 많이 듣고….

이 반응은 사고장애가 있는 정신분열증 환자의 전형적인

언어 표현 중 하나다. 독자들은 이 글을 읽으면서 어떤 느낌을 받았는지 궁금하다. 이 말 속에 어떤 의미가 있다고 보는가 아니면 아무런 의미가 없이 단지 횡설수설한 것에 불과하다고 보는가?

물론 이 말 속에는 환자가 실제로 경험했던 사건이나 생각이 단편적으로 드러나 있으며, 따라서 그 자신에게는 나름대로 의미가 있는 말일 것이다. 그러나 전달하고자 하는 사람에게 논리적으로 전달하지 못한다. 이와 같이 자신만 이해 가능한 자기중심적 사고를 자폐적 사고autistic thought라고 한다.

또한 적절한 교육과 문화적 배경, 지능을 가졌는데도 의미나 문법적 오류가 심하고, 조리 없는 언어 표현과 이해할 수 없는 말을 하는 것을 형식적 사고장애formal thought disorder라고도 부른다. 그리고 한 개념에서 다른 개념으로 논리적 연결 없이 뛰어넘는 현상은 연상의 이완loosening of association이라 한다.

이외에도 일상적으로 쓰지 않는 새로운 단어물론 환자 자신에게는 어떤 의미가 있다를 만들어 쓰는 신어조작증neologism, 생각이나 말이 진행되다가 중간에 갑자기 멈춰 한동안 지속하지 못하는 사고차단thought blocking 등이 있다. 이들 증상은 매우 심각한 수준의 사고장애라고 볼 수 있다.

그렇다면 이러한 사고장애는 정신분열증에서만 나타나는 고유한 특성인가? 그렇지 않다. 단지 정도의 문제다. 한 연구

3. 정신분열증의 증상 ✽ **41**

(Johnston & Holzman, 1979)에 따르면, 만성 정신분열증 환자에게서 사고장애가 가장 심하지만, 정신건강의학과 환자가 아닌 일반 환자나 심지어 정상인도 사고장애로 볼 수 있는 언어적 오류를 나타낸다. 이들의 연구에 따르면, 만성 정신분열증 환자의 사고장애는 정상인의 6배였다. 이 연구결과는 정신분열증에 대해 흥미로운 사실을 보여준다. 정신분열증이 정상인과 질적으로 전혀 다른 상태이기보다는 정상인에게 있을 수 있는 문제가 극심해진 상태로 보아야 한다는 점이다.

4) 심하게 와해된 행동이나 긴장증적 행동

정신분열증 환자를 유심히 관찰해보면 보는 사람은 이상하게 느끼지만 환자 스스로에게는 나름대로 의미 있는 행동을 하는 경우가 있다. 그들은 복도의 가장자리로만 걸어서 양쪽 복도 끝을 계속 왔다 갔다 하거나, 열 발짝 간 후에 한 번씩 뒤돌아보거나, 이상한 자세를 취하거나 한다. 때로는 어떤 종교적 의식을 행하는 것 같은 행동을 보이기도 한다. 물론 환자마다 보이는 행동은 다르다.

긴장성 증상catatonic symptom이라고 부르는 정신분열증의 한 특성은 전혀 움직임이 없이 굳어 있거나 반대로 극단적인 흥분과 요동을 보이는 근육운동장애를 포함한다. 가장 극단적인 무운동 상태인 납굴증waxy flexibility은 팔, 다리 등이 외적인 힘에 의해 만들어진 것 같은 자세로 오래 유지된다. 마치 최면 상태에서 최면술사가 조종하는 대로 움직이는 사람처럼 말이다. 언뜻 보기에 납굴증 상태는 의식도 없고 거의 식물인간처럼 느껴질 수도 있으나, 환자의 의식은 깨어 있고 주변 자극과 사람들을 인식한다. 따라서 대부분은 자신이 그렇게 행동할 수밖에 없었던 이유를 말할 수 있는데, 물론 그 이유도 사례마다 다르다. 반면에, 초조성 긴장 상태에서는 극단적인 흥분이 지속되고, 계속적으로 고함을 지르는 등의 행동을 한다.

5) 음성 증상들-정서적 · 사회적 기능에서의 문제들

정신분열증의 정서적 특징은 주변 사람들이 환자의 기분을 알아채기가 힘들다는 것이다. 그들은 좀처럼 희로애락을 표현하지 않으며, 표현하더라도 현재 상황에 걸맞지 않은 엉뚱한 감정인 경우가 많다. 예를 들면, 웃어야 할 상황에서 우는 것이다.

또한 정신분열증 환자는 감정 표현이 매우 단조롭다. 이들은 항상 무덤덤하고 무감각해 보이며 누가 정서적으로 자극을 주어도 별다른 반응이 없다. 마치 즐거움이나 쾌락을 전혀 느끼지 못하는 것처럼 보인다. 그렇다면 그들은 아무런 기분도 느끼지 못하는 것일까? 사실 그렇지 않다. 그들도 내적으로는 여러 가지 감정과 정서를 경험한다. 그렇지만 자신의 감정을 언어적 · 비언어적으로 표현하는 능력에 손상을 입어 단조롭고 메마른 정서 양상을 보이는 것이다.

사회적 기능과 관련해서, 정신분열증 환자는 흔히 방에 혼자 틀어박혀 나오지 않거나 사람이 별로 없는 장소산, 공원 한구석 등에 있기를 좋아한다. 그들은 흔히 사람들과 어울리기를 싫어하거나 두려워한다. 이들이 혼자 지내는 이유는 사람들과 사귀고 관계를 유지하는 데 필요한 사회기술이 부족하기 때문이거나, 가족이나 사람들이 자신을 이해해주지 못한다고 여기기 때문이다. 때로는 피해망상으로 인해 '가해자'들을 피하는 수단으로 혼자 있는 것을 택하기도 한다. 그리고 환자에 따라서는 나름대로의 망상 세계를 찾아 떠나거나 자신만의 상상의 세계 속에서 즐기기도 한다. 어쨌든 많은 정신분열증 환자에게서 자폐적 생각뿐 아니라 자폐적 행동도 보인다. ❖

4. 정신분열증의 유형

　정신분열증이라는 하나의 진단명을 사용하고 있음에도 최근까지 그 종류와 유형에 대한 논의가 활발하였다. DSM-IV(APA, 1994), ICD-10(WHO, 1992)에서는 주된 증상에 따라 주로 망상과 환청을 나타내는 망상형, 긴장증적 증상을 나타내는 긴장형, 와해된 말과 행동이나 단조롭거나 부적절한 정동을 주로 나타내는 해체형, 유형 분류가 어려운 경우 감별 불능형, 증상이 약화된 상태로 지속되는 잔류형 등의 하위유형을 인정하였다. 하지만 DSM-5(APA, 2013)에 이르러서는 유형 간의 차이가 모호하다는 이유로 더 이상 유형 구분을 하고 있지 않다. 다만 긴장증이 동반되는지 여부만 고려한다.

　정신분열증을 DSM-IV, ICD-10에서처럼 하위유형으로 구분하지 않고 주 증상에 따라 유형 I과 유형 II로 구분하기도 하는데, 이러한 구분은 정신분열증의 원인과 치료 연구에 유용한 것으로 밝혀지고 있다.

유형 I 정신분열증은 망상, 환각, 사고장애, 기이한 행동 등 양성 증상을 위주로 한 정신분열증이다. 양성positive이라는 말은 일반인에게 없는 것이 있거나 일반인이 가진 특성을 일반인보다 훨씬 많이대부분 비정상적으로 많이 보인다는 의미에서 붙여진 말이다. 반면, 유형 II 정신분열증은 언어적 빈곤, 둔화된 감정반응, 은둔과 사회적 고립, 부정적이고 거부적인 행동, 이상한 자세, 의욕과 의지 상실, 즐거움이나 쾌락을 느끼지 못하는 등의 음성 증상으로 구성된다. 음성negative이라는 말은 일반인에게 있는 것이 없거나 정상적인 수준보다 지나치게 부족하다는 의미다.

유형 I은 급성으로 발병하는 경우가 많고 항정신병 약물에 효과를 보이는 반면, 유형 II는 약효가 상대적으로 약하고 만성화되는 경우가 많다. 또한 유형 I보다 유형 II에서 인지적 손상이 동반되는 경우가 많다.

한편, 유형 I은 뇌의 생화학적 측면, 즉 도파민dopamine 같은 신경전달물질 수준의 변이에 기인하는 것으로 보며, 유형 II는 뇌실 확장, 측두엽 구조상의 세포 상실 등 뇌의 구조적 이상과 관련되는 것으로 알려져 있다.

어느 증상이 주된 것인지에 대한 논의와는 별개로 DSM-5(APA, 2013)에서는 음성 증상이 정신분열증에서 더 두드러지며, 다른 정신장애에서는 덜 나타난다고 보고 있다. 특히 감소된 정서적 표현diminished emotional expression과 무의욕avolition은 정신분열증의 특징적 증상이라고 하였다. 단순한 증상 차원의 구분뿐만 아니라 다른 정신장애와 구분하기 위한 특징으로 음성 증상을 명시한 점이 이번 DSM-5에서의 중요한 변화라고 할 수 있겠다. 특히 정신분열형 장애, 단기정신증적 장애에서는 음성 증상이 진단기준에 포함되지 않는다. 따라서 정신분열증을 초기에 감별하는 데 있어서 지속적인 음성 증상의 유무가 중요하다고 할 수 있겠다(p. 88). ◆

5. 유사 장애와의 감별

앞에서 정신분열증 진단에 있어 배제 기준을 간단하게 설명했는데, 지금부터는 그 각각에 대해 상세히 다루고자 한다. 앞서 말했듯이, 정신분열증의 핵심 증상을 일부 또는 대부분 충족시키지만 정신분열증이라고 진단내릴 수 없는 장애가 있다. 그중 가장 대표적인 것은 기분장애와 신체적 원인에 의한 장애다. 특히 신체적 원인에 의한 장애는 감별이 명확하게 이루어지지 않아 치료시기를 놓치면 건강에 치명적인 해를 가져올 수 있다.

1) 기분장애 및 분열정동장애와의 감별

기분장애도 망상, 환각 등 정신분열증의 핵심 증상을 나타낼 수 있으며, 반대로 정신분열증 환자의 경우도 심한 우울이나 극단적으로 고양된 기분 등 기분장애 증상을 나타낼 수 있기 때문에 구별하기 어려운 경우가 많다. 그렇지만 대체로 정신분열증은 정서 증상을 장기간 나타내는 경우가 드물다. 오히려 주변 사람이 현재 그 사람의 기분을 느끼거나 알아채기 힘들 만큼 정서가 메말라 있거나, 슬픈 상황에서 웃는 등 상황에 부적절한 경우가 더 많다. 특히 사고 내용에 따라 정서가 결정되는 경향이 있다. 예를 들면, 자신이 신의 아들이라는 과대망상에 따라 기분이 고양되는 식이다.

그렇지만 우울증을 비롯한 기분장애에서는 망상이나 환각이 나타나더라도 그 사람의 기분 상태와 일치하거나 기분 변화에 수반되어 나타나는 경우가 대부분이며, 망상이 있더라도 기괴한 정도가 심하지 않거나 일시적인 경우가 많다는 것이 정신분열증과 다르다.

그럼에도 분열정동장애schizoaffective disorder처럼 기분장애인지 정신분열증인지 구분하기가 극히 어려운 경우도 있다. 분열정동장애로 진단받기 위해서는 우울증 혹은 조증 삽화가 정신분열증 활성기 증상과 동반하여 나타나야 하며, 활성기의 전체 기간 중 대부분은 기분장애 증상을 나타내어야 한다(APA, 2013). 문제는 그러한 미묘한 증상의 차이를 정확하게 변별해내기 어렵다는 데 있다. 사실 정신분열증의 활성기에 정서적 증상이 전혀 없다고 명확히 판단할 수 있는 경우는 드물다. 그러므로 분열정동장애의 확진을 위해서는 더욱 조심스러운 장기간의 관찰이 필요하다.

2) 신체적 원인에 의한 장애와의 감별

정신분열증과 유사한 증상을 일으키는 신체적 상태로는 일반적인 의학적 질병으로 인한 것과 약물에 의한 것, 신경학적 손상에 의한 것 등이 있다. 일반적인 의학적 질병 중 정신분열증의 핵심 증상과 같은 증상을 일으킬 수 있는 것으로는 당뇨병, 갑상선 기능장애, 간질환, 신장질환 등이 있다. 이 질환들은 다양한 체내 환경 변화를 통해 정신분열증과 유사한 증상을 일으킬 수 있다. 따라서 정신분열증과 유사한 증상을 보일 경우 이러한 신체적 질환 여부에 대한 의학적 검사부터 받아 보는 것이 좋다.

마약류는 정신분열증과 유사한 상태를 유발할 수 있는 대표적인 약물이다. 최근 사용 범위나 빈도가 급격히 증가하고 있는 향정신성 약물들은 망상과 환각 등 심각한 증상들을 일으키며, 행동 통제력의 상실을 가져올 수 있기 때문에 매우 위험하다. 마약 등의 약물에 의한 증상인지 정신분열증인지는 약물 사용 여부를 조사하여 쉽게 감별할 수 있다.

정신분열증과 같은 증상을 일으킬 수 있는 신체적 원인 중 가장 높은 비율을 차지하는 것은 신경학적 손상에 의한 장애다. 신경학적 손상은 교통사고 등의 사고로 인한 뇌손상, 뇌염, 매독, 뇌종양과 간질, 기타 뇌충격, 알코올이나 약물 과다복용으로 인한 뇌손상 등 매우 다양한 원인에 의해 일어날 수 있으며, 이들 중 상당수에서 정신분열증과 같은 증상이 발견된다. 특히 측두엽 간질환자의 증상은 정신분열증과 구별하기 힘들 정도다. 정신분열증이 의심되는 증상을 보이는 경우에는 우선 신경과적 검사를 통해 뇌손상이나 뇌장애 여부부터 확인해보는 것이 중요하다. 자칫하면 정신분열증으로 오인하고 방치해서 치명적 상태에 이르게 할 수도 있기 때문이다.

3) 기타 심리장애와의 감별

앞서 잠시 언급한 대로 단기 정신증적 장애처럼 정신분열증과 같은 증상을 나타내지만 지속 기간이 정신분열증이라고 진단하기에 불충분한 장애가 있다. 이 경우 경과를 지켜보기 전에는 정확히 구별하기 힘들다. 이외에도 강박장애와 외상 후 스트레스 장애, 심한 불안장애에서도 정신병적 상태가 나타날 수 있다. 강박장애의 정신 증상은 특정한 내용의 강박사고에만 몰두되어 있다는 점에서 구분되며, 외상 후 스트레스

장애는 환자에게 심리적 충격을 준 사건을 쉽게 확인할 수 있으며, 지속 기간이 그리 길지 않기 때문에 정신분열증과 구별할 수 있다. ◆

6. 정신분열증의 전구 증상

그는 어릴 때부터 친구들과 잘 어울려 놀지 않았다. 그렇지만 학교생활이나 교과 성적에서 남다르게 어려움을 겪지는 않았다. 중·고등학교를 다니면서도 친구들과 어울리기보다는 혼자 있기를 좋아했고, 집에서도 가족들과 대화를 거의 하지 않았으며, 대부분 문을 닫은 채 방에서 혼자 지냈다. 또한 잘 씻지도 않고 말수도 많이 줄었으며 뭔가 생각하는 듯 멍하니 있는 경우도 많았다. 고등학교 1학년 때까지 상위권을 유지하던 성적도 급격히 떨어지기 시작해 이제 중하위권으로 밀려났다. 학교 친구들은 그가 수업시간에도 딴 생각에 빠져 있으며, 가끔씩 혼자 중얼거릴 뿐 다른 친구들과 대화하는 걸 꺼리는 것 같다고 얘기했다. 그리고 가끔씩 뭔가 불안한 듯 안절부절못했으며, 초조한 듯 왔다 갔다 하였다.

이 사례는 고등학교 3학년 초부터 망상, 환각 등 정신분열증의 핵심 증상을 보였던 한 남학생의 행동을 소개한 것이다. 정신분열증이 시작될 것이라는 경고 지표가 가족이나 주변 사람들이 관찰할 수 있는 행동들로 구성되어 있었으나 그것을 알아차리기란 쉽지 않았다. 그들의 정신세계에서 일어나는 변화는 외현적으로 잘 드러나지 않기 때문이다. 그리고 대부분은 주변 사람들이 '이상하다'고 느끼긴 하지만 아직 뚜렷하고 명백한 증상으로 나타나지는 않는다.

정신분열증은 발병 직후 최대한 빠른 치료적 개입이 매우 중요한 정신장애로 알려져 있다. 특히 빠른 진단과 치료는 이후의 치료기간을 짧게 하고 재발을 방지하는 데 핵심적인 역할을 한다. 이런 차원에서 최근에는 본격적인 증상 발현 전인 조기에 발견·개입하기 위해 병전 상태premorbid state의 인지적 변화를 감지해내고 전구기prodromal period의 증상을 발견해내는 것에 관심을 기울이고 있다. 발병 직후의 치료가 환자의 사회적·경제적 손실과 비용을 최소화할 수 있다면, 위험 요소의 조기발견과 예방은 더욱더 큰 효과가 기대되기 때문이다.

이처럼 분명한 이득에도 전구기 및 전구 증상에 대한 연구는 아직 합의된 결론을 이끌어내지 못한 상태다(Tandon, Nasrallah, & Keshavan, 2010). 결정적인 문제는 전구 증상을 보인 고위험군 집단의 정신분열증 이환율이 낮다는 데 있다

(Olsen & Rosenbaum, 2006). 주의력 저하 및 실행기능의 저하와 같은 인지기능의 저하는 다른 정신장애에서도 흔히 나타날 수 있고, 그 외의 행동변화 역시 정신분열증에 특별히 더 많이 나타나는 것은 아니다.

그럼에도 여기서는 정신분열증의 첫 경고신호로 알려진 특성들을 소개하도록 하겠다. 물론 이 증상들이 있다고 곧 정신분열증이라고 확신할 수는 없다. 이 증상 중에는 정상인에게서 흔히 보이는 행동이나 증상도 있고, 상황에 따라 극히 자연스러운 반응도 있다. 따라서 그 정도와 빈도, 상황에의 적절성 여부를 고려해서 판단해야 할 것이다.

정신분열증 환자는 발병 전부터 인지·행동·정서 발달에서 문제가 있는 경우가 많다. 그리고 그중 상당수는 주의력 손상, 언어적 이해력의 결손, 부진한 학업성취, 사회적 고립, 정서적 둔마 등이 동반된다. 이러한 발달상의 문제가 두드러지는 경우 정신분열증의 발병이 빨라진다는 연구도 있다(Tandon, Nasrallah, & Keshavan, 2009).

발병 초기나 전구기에 정신분열증 환자의 가족이나 주변 사람들이 가장 잘 관찰할 수 있는 증상 측면은 물론 그들의 핵심 증상이다. 여기에는 망상, 환각, 와해된 언어 등이 있다. 그러나 주변 사람들이 쉽게 알아차릴 정도로 이런 특성이 분명하다면 이미 상당히 진행된 상태라고 볼 수 있다. 평균적으

로 발병하기 5년 전쯤부터 인지적 변화나 음성 증상, 우울 증
상이 시작되며, 사회적 부적응은 그로부터 약 1~3년이 지난
시점에 시작된다고 알려져 있다. 연구에 따르면, 분명한 정신
증상이 나타난 지 1년 정도 지나야 병원에 처음 내원한다고
한다(Tandon et al., 2009). 따라서 여기서는 가족이나 주변
사람들이 명백하게 인식하기는 힘들지만 주의 깊게 관찰해보
면 알아차릴 수 있는 정신분열증의 초기 특성들을 소개하고자
한다. 다음은 정신분열증에서 흔히 관찰할 수 있는 초기 증상
또는 전구 증상들이다. 전구 증상 또는 경고신호에 대해서는 국내
외 관련 학회에서도 찾아볼 수 있고, Temes(2002), Li,
Pearrow와 Jimerson(2012) 등의 서적에도 잘 정리되어 있다.
아래는 이들을 종합한 것이다.

- 위생관리가 엉망이고 옷을 이상하게 입는다.
- 깊은 대화를 나누는 것 같지만 논리나 일관성이 없다.
- 노려보거나 멍하게 있다.
- 단어나 언어의 사용이 이상하다.
- 부적절하게 웃는다.
- 불합리한 말을 한다.
- 사회관계를 피하고 고립되어 지내거나 은둔한다.
- 사회관계가 악화된다.

- 소리나 빛 등 자극에 지나치게 민감하다.
- 쉽게 흥분하거나 갑작스럽게 분노를 폭발시킨다.
- 심한 졸음 또는 불면이 있다. 또는 정상적인 시간이 아닐 때 잔다.
- 약물이나 알코올을 남용한다.
- 영적이거나 종교적인 것, 외계인, 신비주의에 지나치게 몰두한다.
- 의미 없는 글을 쓴다.
- 이상한 자세와 행동을 한다.
- 잘 잊어버린다.
- 정서 표현을 잘하지 못한다.
- 중요한 일조차도 무관심하게 대한다.
- 집을 떠나 떠돌아다닌다.
- 집중을 못하거나 작은 문제도 해결하지 못한다.
- 무단결석이나 무단결근 등 하던 일을 중도에 포기하는 경우가 많다.
- 학업이나 운동기능이 저하된다.
- 의심을 하거나 비난하는 행동이 잦다.

위에 열거한 증상들 외에 가족들이 쉽게 느낄 수 있는 변화로는 가족과 밥 먹기를 거부하거나 같이 차 타기를 싫어하거나 가족 중 특정인을 불편해한다. 또 호신장구를 가지고 다니고, 주문을 외우는 행동 등이 있다. 이러한 행동들이 그 자체로는 위험한 것은 아니다. 단지 증상과 장애의 지표들일 뿐이다. 또한 이 행동 중 일부가 있다고 모두 정신분열증으로 진행하는 것도 아니고, 모든 정신분열증에서 발병 전 이러한 전구증상이 항상 나타나는 것도 아니다. 따라서 이러한 변화가 보이면 빨리 전문가를 찾아가서 정확한 평가를 받는 것이 중요하다. ◆

7. 환자 스스로 경험하는 변화

　앞서 살펴보았지만 정신분열증 환자는 그들의 생각이나 느낌, 감정 등을 적절하고 논리적으로 표현하는 데 어려움을 겪는다. 그러나 그들은 각자 자신만의 고유한 내적 정신세계를 가지고 있으며, 어떤 식으로든 그것을 표현한다. 정신분열증이 시작될 때 그들은 스스로 자신의 내면세계에서 오는 변화들을 잠재적으로 인식하고 두려워하기 시작한다. 그것은 자기 자신의 정신세계가 무너져 내리는 것과 같은 내면적 느낌이다. 마치 자신과 외부를 구분 짓던 경계나 울타리가 무너져 외부의 힘이 침투해 들어오는 것 같은 그런 느낌이다.

　이럴 때 그들은 자신이 그 상황을 이겨내기 힘들다고 느끼며, 모든 것을 잃어버리게 될 것 같은 두려움을 느낀다. 그러나 이런 마음의 상태를 그들 스스로 또렷하게 의식하지는 못한다. 대부분은 마치 꿈을 꾸는 듯이, 즉 자신이 살고 있는 이

세상이 현실이 아닌 것 같고 내가 내가 아닌 것 같은 몽롱한 상태에 빠지는 경험을 한다. 이 상태에서 그들은 환상에 빠지기도 한다. 자신의 행동이 이상하다는 것을 쉽게 자각하지 못하지만, 주위 사람들이 자신을 보고 당황스러워하거나 자신을 피하는 것을 보며 외로움과 소외감, 두려움을 느낀다.

정신분열증 환자가 장애가 시작되기 전부터 회복되기까지 느끼는 경험들은 환자가 자신의 경험을 기술한 책(예:『정신분열증 소녀의 수기』, 은홍배 · 정애자 공역, 1994)에 잘 나타나 있다. 또한 환자를 많이 접해본 전문가들이 환자의 주관적 경험을 잘 요약한 책(예: Torrey, 1995)도 참고할 만하다.

여기서는 위에 소개한 책들과 저자들의 경험을 바탕으로 환자 자신이 경험하는 것들을 소개하고자 한다. 한 가지 명심할 것은, 앞서 소개한 전구 증상과 마찬가지로, 이러한 변화 중 일부가 있다고 해서 정신분열증은 아니며, 또한 정신분열증 외에 다른 장애를 갖고 있는 환자, 심지어 정상인도 이러한 경험을 할 수 있다는 점이다. 결국 전체적인 증상 양상이 중요하다.

1) 자기 자신에 대한 느낌의 변화

정상 상태에서 우리는 자기 자신에 대한 명료한 감각을 유지한다. 즉, 내 몸과 내 몸이 아닌 것을 구분하고, 내 손이 내 손임을 알며, 나와 남을 구분한다. 이것은 일반 사람에겐 지극히 당연한 것이다. 그러나 정신분열증으로 이런 지극히 당연한 감각이 변할 수 있다.

정신분열증으로 나타나는 자신에 대한 느낌의 변화는 흔히 신체감각의 변화와 관련된다. 예를 들면, '머리가 커지고 무거워진다' '손가락이 길어진다'와 같은 경험이다. 자기 자신에 대한 느낌의 변화는 이러한 신체 지각적 변화에서부터, 심지어는 나와 남을 혼동하고 어떤 일을 내가 한 건지 남이 한 건지 구분하지 못한다.

2) 감각의 변화

감각의 변화는 특히 정신분열증 초기에 두드러지며 환자의 절반 이상이 과민화나 둔감화를 경험하는데, 과민화되는 경우가 더 많다. 주로 시각과 청각의 변화가 많지만 모든 감각에서 나타날 수 있다.

"… 어느 날 갑자기 모든 소리가 낯설게 느껴졌다. 그리고 그 소리들은 귀에 거슬렸다. 그러다 어느 순간 세상 모든 일을 듣게 되었다…."

"세상의 모든 색이 선명해졌다. 그리고 나는 그 색들 속
에서 그들이 가지는 촉감을 만끽하고 있었다. 이것은 꿈이
아니다. 현실이다."

이 글은 정신분열중 환자가 이전과 다른 감각 경험을 느끼
기 시작하면서 점점 비현실적인 감각 경험으로 발전되는 과정
을 보여준다. 그것은 더 나아가 환청이나 환시 등 환각 경험으
로 이어지기도 한다.

정신분열중에서 나타나는 감각의 변화는 자극이 대량으로
밀려 들어오는 과다자극 상태에 의한 경우가 대부분이다. 정
상 상태에서 우리의 뇌는 주변 자극들을 여과하고 선택함으
로써 선택적으로 주의집중을 할 수 있다. 그런데 정신분열중
환자의 상당수는 이런 기능에 장애가 생김으로써 주변의 모
든 자극에 주의를 빼앗기고, 그만큼 무질서하고 혼란스러운
상태가 된다. 이 경우 자신의 정신이 자신에 의해 통제되기보
다는 주변 자극에 압도되어 중심을 잃어버리는 느낌을 갖게
된다.

감각의 변화는 이처럼 외부자극에 의해 유발되는 경우가
많지만, 때로는 생각이나 기억 같은 내부자극의 형태로 나타
나기도 한다. "한꺼번에 수많은 생각이 떠올라서 정신을 집중
할 수가 없었다" "수많은 장면이 뒤섞여 떠올랐다가 순식간에

사라진다. 많은 것이 떠올랐지만 그중 어느 하나도 제대로 기억나지 않는다." 이런 경험의 특징은 이러한 생각이나 기억이 쉽게 떨쳐지지 않는다는 것이다. 때로는 이러한 생각을 자신이 하는 게 아니고 누군가가 자신의 머릿속에 집어넣는 것이라고 생각되기도 한다.

정신분열증의 초기 단계에서나 감각 변화가 심하지 않을 때는 이러한 감각 변화가 아주 즐겁고 색다른 경험이 되기도 한다. 그리고 때로는 종교적인 신비 체험이나 영적 체험으로 인식되기도 한다. 그러나 이러한 감각 변화들의 공통된 결과는 집중곤란이다. 따라서 전에는 아주 쉽게 해내던 일까지도 제대로 할 수 없게 된다.

감각의 둔화는 대부분 정신분열증의 후기 단계에서 나타나지만, 드물게 초기 단계에도 나타난다.

"그것은 마치 백일몽에 빠져 있는 것같이 몽롱하고 무딘 상태였다. 내 아이가 울고 있는데 그 모습을 보면서도 아무것도 느껴지지 않았고, 아이의 울음소리도 마치 먼 곳에 있는 모르는 아이의 울음처럼 들려왔다." 이런 호소는 정신분열증에서 나타날 수 있는 감각 둔화의 대표적인 예다.

이외에 중요한 둔감화 증상 중 하나는 통증을 못 느끼거나 전보다 둔해지는 것이다. 정신분열증 환자 중 손을 데일 때까지 담배를 계속 피우거나, 상처를 입어도 아픈 줄 모르거나,

자신도 모르게 관절염을 앓게 되는 경우가 가끔 있는데, 이는 모두 통증에 대한 민감성이 둔화된 결과다. 심지어 라이터로 자신의 눈 부위에 심하게 화상을 입힌 한 환자는 고통이 극심하지 않았다고 보고했다. 이러한 모든 감각 변화의 생리적 기제로는 뇌의 변연계가 관련되는 것으로 보고 있다.

3) 인지 기능의 변화

앞서 우리는 정신분열증에서 나타날 수 있는 감각의 변화를 살펴보았다. 그런데 이런 감각의 변화보다 더 높은 수준의 인지 기능 또는 정보처리적으로 더 높은 수준의 처리 기능에도 변화가 나타난다. 그 대표적인 것이 들어오는 감각을 분류하고 해석해서 적절히 반응하는 능력이다. 다시 말해, 우리의 감각기관에 들어오는 자극을 내용이나 종류에 따라 분류하고 전체적인 의미를 갖도록 통합하며, 이러한 이해와 통합을 바탕으로 상황에 적절하게 반응하는 기능에 변화나 이상이 생긴 것이다.

여기서 반응들은 우리가 성장하고 사회생활을 하면서 습득한 인사법이나 행동요령 등 학습된 것들이 대부분이며, 때로 사건의 전개를 예측하는 것 같은 논리적 추론을 포함하는데, 이 변화는 우리의 일상생활에 더 심각한 장애를 초래하게 되며, TV를 시청하는 것 같은 아주 단순하고 일상적인 일까지도 어렵게 만든다.

들어오는 감각을 분류, 이해, 통합하는 능력의 변화는 다른 사람의 말을 들을 때 하나하나의 단어는 들리는데 전체적인 문장은 이해가 안 되고, 평소 잘 알던 사람인데도 만나면 코, 눈, 입놀림 등 얼굴의 일부만 자꾸 눈에 들어오고 전체적인 얼굴은 낯설게 느껴지며, TV를 보아도 내용 파악이 안 되고 재미도 안 느껴지는 증상으로 경험된다. 특히 평소 잘 되던 일상적 과제 수행이 잘 안 될 때는 문제가 시작되고 있다는 신호다. 이렇게 되면 자연히 반응하는 능력에도 문제가 생긴다.

누가 인사를 해도 평소대로 반응을 보이지 못하고, 친한 친구의 사망 소식을 접하고도 아무런 감응이 없다. 감각자극을 이해하고 해석하고 적절히 반응하는 이러한 능력의 변화는 블로일러가 '정신분열증'이라는 이름을 붙이게 만든 핵심 증상이다. 그리고 흔히 이러한 증상을 사고장애라 부른다.

정신분열증의 문제는 사고 기능에만 나타나는 것이 아니라 언어, 정서, 행동 등 인간 행동의 다양한 측면에서 나타난다. 또한 다른 사람들이 관찰할 수 있는 사고장애로 표현되기 이전에 앞에서도 살펴본 것 같은 감각적 변화로 경험된다. 따라서 사고장애나 행동상의 이상 등 주변 사람들이 관찰할 수 있는 증상이 나타나기 전에 환자는 주관적으로 상당한 변화를 체험하게 된다. 물론 이 증상들이 정신분열증에서만 나타나는 것은 아니지만 정신분열증에서 가장 전형적으로 나타나는 것은 분명하다.

4) 환각과 망상

앞서도 살펴보았지만 망상과 환각은 정신분열증의 핵심 증상이다. 그리고 이 증상들은 일차적으로 환자의 내적 경험이다. 주변 사람들이 망상이나 환각을 눈치 챌 수 있는 행동은 환자가 뭔가 혼자 중얼거리거나 물건에게 말을 하거나, 주변 사람에게는 아무 소리도 안 들리는 상태에서 뭔가 듣고 있는 표정을 짓는 행동들이다. 만약 망상이나 환각이 명확하다면 그것은 장애가 이미 상당히 진행된 상태임을 시사한다. 처음에는 단순한 감각과민으로 경험되고 행동으로 드러나지 않기 때문이다.

예를 들어, 어떤 환자가 피해망상을 가지게 된다면, 그는 자신의 주변에서 일어나는 모든 사건이 서로 연관된 것처럼 느끼기 시작한다. 지나가는 사람의 표정, 먼발치에서 웅성대고 있는 사람, 자신의 뒤에 오고 있는 사람, 심지어는 TV에서 나오는 내용이나 하늘을 나는 비행기까지 이 모든 것이 자신에게 어떤 의도와 목적을 가지고 조직적으로 움직이는 음해 세

력으로 지각되는 것이다. '지나가는 사람들은 모두 나를 감시하고 있고, 내 얘기를 하고 있으며, 비행기와 인공위성도 나를 감시하기 위해 하늘에 떠 있다'고 믿는 것이다. TV에 나온 스타가 자신을 사랑하고 있다고 믿는 애정망상 환자의 경우 TV 화면 속에서 스타가 계속 자신만을 응시한다고 믿는다. 그 근거를 대라고 하면, "TV를 보면서 내가 자리를 옮겨 각도가 바뀌어도 TV 속의 그 사람은 나만 쳐다보니까"라고 말한다.

이렇듯 망상의 핵심은 우연히 일어나는 사건들을 환자가 자신에게 어떤 의미가 있는 것으로 생각하는 것이다. 처음에는 어느 한두 가지 사건에 집중하다가 주변의 모든 사건을 망상체계 속으로 끌어들이게 된다. 우리가 누군가를 의심하면 그가 하는 모든 행동에 어떤 의도가 있어 보이고 모든 행동이 수상해 보이는 것과 마찬가지다. 따라서 망상의 경우도 문제가 되는 것은 역시 그 정도와 심각성이다.

환각은 처음에는 빛이 더 밝아 보이거나 물건의 크기나 모양이 변한다고 느껴지는 단순한 착각 상태에서 시작되는 경우가 대부분이다. 그러다가 점차 왜곡의 정도가 심해지고, 궁극적으로는 실재하는 대상이 없는 상태인데도 뭔가를 생생하게 보거나 듣거나 느낀다. 앞서 살펴본 대로 정신분열증의 경우 대부분의 환각이 환청이다. 따라서 주변 사람들은 환자가 뭔가 듣고 있는 것 같은 표정을 짓는지를 잘 관찰할 필요가 있고, 환자 자신도 다른 사람은 듣지 못하는 어떤 것을 들은 것 같다면 바로 주변 사람들에게 확인하고 전문가의 조언을 구하여 장애의 진행과 악화를 막아야 한다.

5) 정서의 변화

앞서 우리는 정신분열증의 정서적 특징으로 무감동하고 메마른 정서를 들었다. 그렇다면 정신분열증 환자는 장애의 시작과 동시에 메마른 정서를 보이는 것일까?

정신분열증의 초기 단계에서 흔히 나타나는 정서 상태 중 하나가 우울이다. 정신분열증 환자의 상당수가 분명한 우울 시기를 거친다고 알려져 있고, 망상과 환각 시작 전에 우울 증상을 보이는 경우도 많다. 물론 정신분열증에서 나타나는 우울은 상황적인 스트레스보다는 정신분열증의 원인으로 가정되는 신경화학적 변화와 관련되는 것으로 본다. 그리고 때로는 자신이 병들어가고 있다는 것을 깨닫게 된 결과일 수도 있다. 어쨌든 우울증이 정신분열증에 동반되는 경우 자살이라는 비극적인 결과를 가져올 수 있으므로 주의해야 한다.

우울 이외에 정신분열증 초기 단계의 흔한 정서 상태는 죄의식과 공포다. 정신분열증 환자는 흔히 자신이 벌을 받고 있다고 느끼며, 자신의 주변에서 일어나는 부정적인 사건들이 자신 때문에 일어난 것이라고 생각한다. 이는 물론 우울증에서 가장 흔한 증상이지만, 정신분열증의 초기에도 우울과 동반되어 많이 나타난다. 또한 그들은 어떤 뚜렷한 대상이나 이유가 없는 막연한 불안과 공포를 경험하는 경우가 많다. 이 공포는 아마도 자신의 정신 기능이 무너져가는 것을 무의식적으로든 의식적으로든 감지하는 데 따른 결과로 보인다.

이외에도 수많은 감정이 빠르게 교차하고 기분 변화가 심하며, 기분이 지나치게 고조되기도 한다. 그런 고조된 감정 상태가 초기를 지나서도 지속된다면 정신분열증이라기보다는 양극성 장애조울증일 가능성이 더 높다.

환자 자신이 경험하는 이런 정서 상태 이외에 중요한 특성은 다른 사람의 기분이나 감정을 잘 알아차리지 못하는 것이다. 정신분열증 환자는 다른 사람의 표정이나 억양, 행동에서 나타나는 감정 상태를 잘 인식하지 못한다. 이러한 결함은 결국 사회활동이나 사교활동을 어렵게 만드는 요인이 된다.

지금까지 살펴본 정서 상태는 대부분 초기에 국한되며, 정신분열증의 가장 두드러진 특징은 역시 상황에 부적절하고 단조로우며 무감동한 정서다. 대부분의 정신분열증 환자는 초기에 우울, 공포, 불안 등을 많이 보이다가도 이 증상들이 만성화되면 이들 정서는 사라지고 메마른 정서와 부적절한 정서 반응으로 변화된다.

장애가 진행되면서 그 정도는 더욱 심해지고, 다른 사람의 감정에 대한 공감 능력도 점차 사라진다. 더불어 웃음도 사라진다. 결국 음성 증상 위주로 발전되는 것이다. 그렇다고 환자가 아무것도 느끼지 못하는 것은 아니다. 겉으로 무감동하고 무미건조하며 목석처럼 보일지라도 내면에는 다양한 정서의 물결이 흐르고 있을 수 있다.

6) 동작과 행동의 변화

정신분열증 환자를 관찰하다 보면 그들의 동작이 예전 같지 않다는 것을 알 수 있다. 가벼운 증상으로 손가락을 떠는 것 같은 미세한 동작에서부터 걸음걸이나 자세의 변화 같은 큰 동작에까지 변화가 나타난다. 그리고 행동의 자발성이 줄어 동작이 거의 없어지거나, 눈을 심하게 깜빡이거나 반대로 거의 깜빡이지 않는다. 가장 극단적인 형태는 긴장성 행동, 즉 납굴증이다. 이와 같은 운동과 동작, 자세 등의 변화는 대부분은 약물의 부작용과 관련이 있다. 그러나 약물과 상관없이 정신분열증의 한 증상으로 나타나기도 한다. 그리고 주관적으로는 행동이 의도대로 잘 되지 않는 느낌, 행동의 주체성이 덜 느껴지거나 피동적이 된 느낌 등을 경험할 수 있다.

동작과 운동기능의 변화 이외에 정신분열증 환자가 특징적으로 보이는 행동으로는 혼자 한쪽 구석에서 조용히 아무 동작 없이 있거나, 마치 종교의식을 행하듯이 의례적인 행동을 반복한다든지 이상한 자세를 취하는 것들이 있다. 이런 행동들은 대부분 정신분열증의 일차적 증상이라기보다는 그들의 내면에서 일어나는 어떤 인지나 사고의 변화로 나타나는 부산물이다. 이런 행동과 관련된 내면의 변화들로는 어떤 생각에 깊이 몰두하여 다른 현실적 상황들을 지각하지 못하거나, 환경자극들을 이해하고 통합하는 데 많은 시간이 걸려 그동안 외부적으로 어떤 행동이나 반응도 하지 못하는 것 등이다. 이것은 환자 나름대로 그 행동에 어떤 의미를 부여하고 있거나 그들의 정신세계를 지배하는 어떤 힘망상이나 환각과 관련된이 그렇게 하도록 요구하기 때문이다. 이 점이 강박장애에서 나타나는 의례적 행동과 다른 점이다.

어쨌든 중요한 점은 이런 행동들은 주변 사람들에게 대부분 부적절하고 황당하며 '미친 짓'으로 여겨지지만, 환자 스스로 나름의 의미가 있거나 어떤 병적 사고과정의 산물이라는 점이다. 따라서 외부적으로 관찰되는 행동에만 집중할 것이 아니라 환자 내부에서 어떤 일이 일어나고 있는지, 그들 자신은 어떤 경험을 하고 어떤 해석을 하는지 잘 고려해야 한다. ◆

8. 정신분열증은 얼마나 흔한가

1) 유병률과 발병률

정신분열증은 얼마나 흔하며, 과연 나도 정신분열증에 걸릴 수 있는가? 아마 독자들이 가장 궁금해하는 질문 중 하나일 것이다. 일반적으로 질병의 빈도나 확률은 유병률과 발병률로 보고되는 역학조사 결과에 의해 밝혀진다. 유병률prevalence은 일정 시점이나 일정 지역의 환자의 비율로 표현되는데, 조사 시점이나 기간에 따라 1개월 유병률, 6개월 유병률, 1년 유병률, 평생 유병률로 나뉜다. 발병률incidence은 일정 기간보통 1년 중 발생되는 새로운 환자 수보통 10만 명 단위로 나타낸다.

정신분열증의 평생 유병률은 민족과 국가에 따른 차이를 고려하더라도 보통 0.3~0.7% 정도로 본다(APA, 2013). 즉, 일생을 살아가는 동안 적어도 한 번 이상 정신분열증 진단기준에 해당하는 증상을 나타낼 사람이 인구 천 명 중 3~7명 정도 된다고 볼 수 있는 것이다. 보건복지부에서 발표한 자료를 보면 전 연령층에서 정신분열성 장애정신분열증, 정신분열형 장애, 분열정동장애, 망상장애 포함/단기 정신증적 장애 제외의 평생 유병률이 0.2%로 보고되었고, 우리나라는 성별에 따른 유병률의 차이는 없었다(보건복지부, 2011a). 전 세계 평균에 비해서 국내 정신분열증 유병률이 낮은 것에 대해서는 지역 역학조사에서 사회적 편견과 낙인 때문에 자신의 질환을 숨기려고 했을 가능성이 있을 수 있으며, 입원 환자의 경우 지역사회와 격리되어 있기 때문에 반영되지 않았을 수 있다.

이렇게 보면 어느 누구도 정신분열증에서 완전히 자유롭지는 못하다고 할 수 있다. 또한 그 대상이 자신뿐 아니라 가족, 친지, 동료에까지 확대된다면 우리 주변에 정신분열증에 걸릴 수 있는 사람이 항상 있다고 보아야 한다. 그러므로 정신분열증에 대해 제대로 인식하고 편견과 오해를 버리는 일은 비단 현재 정신분열증으로 고통받는 일부 사람만을 위한 일은 아니다.

2) 나이와 성별에 따른 차이

정신분열증이 걸리는 데 나이나 성별에 따른 차이가 있을까? 현재까지의 조사 결과에 따르면 나이에 따른 차이는 명백하다. 정신분열증이 처음 시작_{발병}되는 연령은 10대 후반에서 30대 중반까지가 대부분이며, 청소년기 이전이나 장·노년기에 시작되는 경우는 드물다. 약 절반 정도는 갑작스러운 발병을 보이며, 나머지 절반은 수년 간의 전구기를 갖는 경우가 많은데, 전구기를 갖는 경우 발병하기 5년 전쯤부터 음성 증상이 시작되고 입원하기 1년 전쯤부터 양성 증상이 시작된다 (Häfner, Maurer, & Löffler, 1999). 아동의 경우 망상이나 환각이 덜 정교화되어 있고, 아동에게 나타날 수 있는 와해된 말이나 행동은 정신분열증이 아닌 언어 및 발달장애, 주의력결핍장애 등에 따른 것일 가능성이 크기 때문에 아동에게 정신분열증 진단을 내리는 것은 신중해야 한다. 하지만 진단이 정확하다면 아동의 경우 예후는 좋지 않은 것으로 알려져 있다 (Häfner & an der Heiden, 1999).

드물지만 40세 이상에서 정신분열증 증상이 처음 나타나는 경우도 있는데, 이 경우 여성에게 많이 나타나고_{전 연령에 걸쳐서는 일반적으로 남성이 많거나 비슷하다}, 증상은 망상과 환청을 제외한 환각이 더 많은 대신 언어적 혼란이나 무감동, 의욕상실 등 음성 증상은 상대적으로 적다(Howard, Rabins, Seeman, & Jeste, 2000).

한편, 남자가 여자보다 유병률이 높다는 보고가 많다. 하지

만 조사방법에 따라서 성별에 따른 차이가 없다는 보고도 있
으며(APA, 2013), 국내 조사에서는 오히려 여성 유병률이 높
게 조사된 경우도 있어 확실한 결론을 내리기에는 조심스러운
면이 있다. 2011년 국내 조사에서 성별을 고려한 발병 연령은
남자는 10대 후반에 발병한 경우가 많았고, 여자는 20대 후반
에 발병한 경우가 많았다(보건복지부, 2011b). 여자의 경우 남
자보다 기분장애가 동반되는 경우가 많고, 정신증 증상의 수
가 더 많으며, 음성 증상은 상대적으로 적고, 사회적 기능은
더 잘 유지되며, 전반적으로 예후도 좋다고 한다(APA, 2013;
Li et al., 2012). 그렇지만 유병률에서의 남녀 차이는 정신분
열증의 진단기준을 얼마나 엄격하게 적용하느냐, 즉 기분장
애 증상을 완전히 배제하느냐 부차 증상으로 포함시키느냐에
따라 달라질 수 있으며, 조사 대상이 병원이냐 일반 지역사회
냐에 따라서도 다소 달라질 수 있다. ◆

9. 정신분열증이라는 투망

1) 정신분열증 환자는 모두 같은가

정신분열증의 원인이 아직 과학적으로 명확히 입증된 것이 아니기에 진단의 신뢰도나 타당성 면에서도 문제가 남아있다. 여기에서 파생되는 문제는 현재의 진단체계에 의해 정신분열증으로 진단된 사람들이 여러 측면에서 서로 다르다는 점이다. 즉, 똑같이 정신분열증으로 진단을 받은 사람일지라도 원인이나 증상, 경과가 서로 다를 수 있다.

정신분열증 진단과 관련해서 위에 제기한 문제보다 더 심각한 결과를 초래할 수 있는 문제는 정신분열증 진단기준을 엄격하게 적용하지 않고 포괄적으로 확대 적용하는 경우다. 즉, 진단기준에 제시된 증상 중 일부를 보인다고 해서 그 경과나 원인에 대해 충분히 고려하지 않고 정신분열증 진단을 내리는 경우다.

정신분열증 진단을 엄격히 적용하지 않고 또 환자에 대한 충분한 평가 없이 진료 당시의 증상이나 임상 경험에만 의존해서 진단함으로써 정신분열증으로 진행되지 않을 환자를 평생 정신분열증이라는 낙인하에 살게 하는 오류를 범할 수도 있다. 따라서 정신분열증이라는 치명적일 수 있는 낙인을 함부로 찍는 일은 없어야 하며, 그러기 위해서는 정신분열증이라는 진단이 얼마나 거대한 투망인가를 제대로 인식해야 할 것이다. 현재까지 정신분열증이라는 진단은 잘 명세화되고 구체화되어 완전히 신뢰롭고 타당한 진단명이기보다는, 하나의 합의된 분류체계임을 명심해야 한다.

2) 문화적 특성과 정신분열증

많은 정신병리학자가 정신분열증이 범문화적 정신질환이라고 믿으며, 이런 입장은 DSM에도 반영되어 있다. 특히 생의학적 · 유전적 요인에 초점을 둔 정신병리학자는 정신분열증의 문화적 차이를 간과 또는 무시하는 경향이 있다(Watters, 2010/2011). 하지만 정신분열증의 증상과 경과, 유병률의 문화차는 무시할 수 없는 수준이다(López & Guarnaccia, 2012; Watters, 2010/2011).

망상은 정신분열증 진단에 가장 중요한 핵심 증상이지만, 전 인류에 공통적인 기준일 수는 없다. 예를 들어, 종교적 신앙에 몰두한 사람이 신의 계시를 듣거나 성모 마리아를 알현했다면 그것을 환청이나 환시로 간주해서 정신분열증 진단을 내릴 수 있을까? 또 아프리카에 사는 어느 부족이 돌에 영혼이 있다고 믿어서 매일 그 돌에 절을 하고 그 돌이 자신을 지켜준다고 믿고 있다면 그것을 망상이라고 할 수 있을까? 물론 그럴수 없다. 병적인 의미의 망상이란 그 개인이 속한 문화나 사회적 통념에서 완전히 벗어나 다른 사람들이 이해할 수 없을 정도여야 한다. 즉, 그 사람이 살고 있는 사회의 일반적인 상식이 중요한 기준이 되는 것이다.

그 외에도 표정이나 몸짓 등 문화적 영향이 큰 개인의 특성들도 함부로 정신분열증의 증상으로 간주할 수 없는 요소들이다. 따라서 정신분열증의 진단에는 그 개인이 태어나고 성장한 사회의 문화적 특성을 고려해야만 한다.

이외에도 문화적 특성과 정신분열증 간에 흥미로운 관계가 발견된다. 정신분열증에서 있을 수 있는 긴장성 행동이 서구 사회보다는 비서구 사회에서 흔하고, 개발도상국의 정신분열증 환자가 산업화된 사회의 정신분열증 환자보다 발병이 갑작스럽고 예후가 좋으며, 망상과 환각이 문화에 따라 그리고 같은 문화 내에서도 시대에 따라 다르다(López & Guarnaccia,

2012; Watters, 2010/2011). 개발도상국에서 정신분열증의 예후가 좋은 것은 아마도 선진산업국보다는 대가족이 많고 지역주민 간 유대도 커서 주변 사람들로부터 도움이나 관심을 많이 받을 수 있기 때문일 수 있다.

3) 정신분열증에 관한 오해와 편견

(1) 정신분열증 환자는 정말 위험한가

"저 사람 미쳤어. 조심해야 돼" "너 엄마 말 안 듣고 밖에 나가면 미친 사람이 잡아가!" 우리가 흔히 하고 또 들었던 말일 것이다. 이 말 속에는 정신분열증 환자를 비롯한 정신장애자가 일반인에게 매우 위험한 존재로 인식되고 있음이 암시되어 있다. 또한 이런 말에는 정신장애자에 대한 우리 사회의 통념이 잘 반영되어 있다. 실제로 많은 사람이 정신분열증 환자는 위험하고 심지어는 자신을 해칠 위험이 있는 사람이라고 생각한다. 정말 그럴까?

이런 식의 결론에는 커다란 오류가 있다. 한 가지는 확률상의 오류로서, 실제로 정신분열증 환자 중 이런 위험한 행동을 하는 사람의 비율이 그렇게 높지 않음에도 일부 사례를 통해 확률을 높게 추정하는 것이다. 정신분열증 환자가 주를 이루는 정신건강의학과 병동에서 생활해본다면 그들이 그렇게 위험하거나 거친 사람이 아님을 알게 될 것이다. 그들은 오히려 순진하고 여리며, 때로 순수하게까지 보인다. 물론 모두 그런 것은 아니지만 위험하고 폭력적인 정신분열증 환자보다는 그렇지 않은 쪽의 비율이 높다. 그들은 여러 가지 심리적·신체적 문제로 적응에 대한 자신감과 능력을 일시적으로 또는 만성적으로 상실했을 뿐이지 나쁜 성격의 소유자는 아니다.

두 번째 오류는, 정신분열증 환자 중 일부가 위험한 행동을 했다고 해서 그런 위험한 행동이 정신분열증의 고유한 한 증상이라고 잘못 가정한 데서 나온다. 정신분열증 환자의 위험한 행동은 그 사람이 정신분열증이기 때문에 하는 행동은 아니다. 물론 정신 기능의 저하나 장애가 좌절에 대한 인내력, 상황 판단력, 충동 통제력 등에 영향을 미쳐 위험한 행동을 할 수는 있다. 그렇다고 그것이 정신분열증이라는 진단과 일대일로 대응하는 것은 절대로 아니다. 그런 행동은 진단과는 무관한 일종의 증상 특성이다. 또한 거기에는 어떤 성격특성이나 상황적 특성이 개입되어 있을 수도 있다.

중요한 것은, 이러한 공격적 행동이 정신분열증에만 있는 것이 아니라는 점이다. 정신분열증 이외의 다른 정신증, 예를 들면 양극성 장애의 조증 상태에서 오히려 그 빈도가 높다. 그리고 반사회성 성격장애, 경계선 성격장애 등 정신분열증 이외의 다른 심리장애에서 더 흔히 나타날 수 있다. 또한 일반인 중에서 성격적인 문제가 있는 사람이 오히려 더 위험할 수도 있다. 따라서 정신분열증 환자는 이해할 수 없는 사람이며, 더구나 위험한 사람이라는 편견은 버려야만 한다.

(2) 정신분열증은 온통 문제투성이인가

앞서 정신분열증 환자의 위험성에 대해 얘기하는 가운데, 그들이 어떤 면에서는 순수하고 순진하며 여린 사람이라고 했다. 이런 특성은 과연 단점일까? 장점으로는 볼 수 없을까? 적어도 어떤 상황에서는 이런 특성은 장점일 수 있다. 더구나 정신분열증 환자는 다른 사람보다 상상력이 뛰어나다. 때로 이런 풍부한 상상력은 창의적으로 표현될 수도 있다. 반 고흐처럼 뛰어난 예술적 창작이 가능한 자원일 수도 있으며, 습관과 타성에 젖은 현대인의 마음을 풍요롭게 하는 새로운 정신세계를 창조할 수도 있다. 한 심리학자의 연구(Chadwick, 1992)에서도 정신증 환자의 독창성과 사고의 다양성 등 많은 재능과 자질을 가졌음이 밝혀졌다.

정신분열증 환자와 창의적인 사람은 모두 단어나 언어를 독특하게 사용하고, 현실을 색다르게 보며, 특이한 생각을 하고, 사람들과 어울리기보다는 혼자 있기를 좋아한다는 공통점이 있다. 그렇다고 창의적인 사람이 모두 정신분열증에 걸릴 위험이 있다고 볼 수는 없으며, 반대로 정신분열증 환자는 모두 창의적이라고 말할 수도 없다.

　미국의 시인 프로스트는 자신은 정신분열증이 아니었지만 자신의 자녀 중에 정신분열증 환자가 있었다. 러시아 무용가 니진스키, 독일의 시인 횔덜린 등 수많은 예술가가 정신분열 증을 앓았다. 영화 〈뷰티플 마인드〉로 잘 알려진 수학자이자 노벨경제학상 수상자인 존 내쉬도 정신분열증이었다. 그리고 정신분열증은 아니지만 음악가인 헨델, 베를리오즈, 슈만, 베토벤, 시인이자 소설가인 에드거 앨런 포, 헤밍웨이, 발자크, 극작가 유진 오닐, 버지니아 울프 등 수많은 작가와 예술가들은 양극성 장애 증상을 보였다. 이런 점에서 창의성과 정신분열증 또는 정신장애 간에 어떤 관련이 있다고 볼 수도 있다. 심지어 고흐는 자신의 정신장애가 창작 활동에 도움이 되었다고 말하기도 했다(Winner, 1982).

　그러나 그들의 상태를 긍정적으로만 바라볼 수 없는 것도 분명한 사실이다. 창의적인 사람과 정신분열증 환자는 공통점도 많지만, 창의적인 사람은 자신의 색다른 생각을 스스로 통제하고 선택하는 반면, 정신분열증 환자는 대부분 그런 생각과 증상에 자신이 압도되어버린다. 그리고 이로 인해 자신과 가족을 비롯한 주변 사람에게 많은 장애와 불편을 겪게 한다. 따라서 그들이 가진 이러한 창의적 자원이 긍정적이기 위해서는 그들의 전반적인 정신 상태와 적응 수준이 어느 정도 유지되는 것을 전제로 한다. 그렇기에 그들의 비현실적인 증상은 일단은 치료 대상이며, 그 증상의 기저에 존재하는 심리적 자원을 건강하고 창조적인 방향으로 발휘할 수 있도록 전반적인 적응 수준과 기능을 증진시킬 필요가 있다.

(3) 정신분열증은 점차 악화되는가

정신분열증이 주로 청소년기에 발병하며 치매처럼 기질적 퇴화를 동반하고 회복이 불가능하다고 본 크레펠린의 입장을 받아들인다면, 정신분열증은 발병 후 계속 악화되며 회복은 거의 불가능하다고 생각할 수밖에 없다. 실제로 많은 사람이 정신분열증에 대해 이러한 절망적인 판단을 내린다. 그리고 기분장애보다 예후가 좋지 않은 것도 사실이다(Tsuang et al., 2011). 그러나 앞서 살펴보았듯이, 아직 정신분열증이라는 정신장애에 대해서는 밝혀지지 않은 것이 많고, 원인과 경과, 치료 가능성에 대해서도 확실히 단언하기 어려운 상태다. 이러한 사실은 우리에게 희망과 절망의 가능성을 모두 열어두지만, 적어도 현대 과학의 발전은 희망에 더 무게를 실어주리라 확신한다. 치유될 수는 없어도not curable, 조절하거나 통제할 수는 있다는 주장도 있다(Temes, 2002).

어느 쪽에 더 무게를 둘지는 환자 자신이나 가족의 몫일 것이다. 그리고 환자나 가족의 선택은 분명히 치료 결과에도 영향을 준다. 정신분열증 회복 여부를 결정짓는 중요한 요소 중하나가 환자 자신과 가족의 의지와 노력, 치료 가능성에 대한확신이라는 뜻이다. 스트레스와 가족 환경 등 환경 요인은 정신분열증의 원인은 아니지만, 경과와 예후에 분명한 영향을미친다(Tsuang et al., 2011).

또 다른 요소는 유능한 치료 팀을 선택하고 정확한 진단을받는 일이다. 정확한 진단 없이는 효과적인 치료가 불가능하다. 정신분열증의 치료는 정신건강 전문의, 약물학자, 임상심리학자, 사회복지사, 가족 등이 한 팀이 되어 서로 협력할 때가장 효과적이다.

정확한 진단을 받고 유능한 치료 팀을 선택한 후 환자와 가족이 치료 가능성에 대한 확신과 의지, 노력을 보인다면 정신분열증은 호전될 것이다. 그럼에도 많은 정신분열증 환자의증상이 악화되는 이유는 제때에 진단을 받지 못하고, 적절한치료를 받지 못하며, 환자와 가족, 사회가 충분한 노력을 하지않았기 때문일 수 있다. 물론 현대 의학과 심리학이 완치 수단을 개발하지 못한 이유도 있겠지만 말이다. 따라서 중요한 것은 포기하지 않는 일이다. 정신분열증은 결코 무조건 악화되기만 하는 불치병이 아니다. ❖

정신분열증은
왜 생기는가

2

정신분열증의 원인으로는 뇌 구조 및 기능의 장애, 유전적 요인이 가장 주목받고 있으며, 이 분야의 연구가 급속도로 증가하고 있다. 하지만 현재까지 정신분열증을 특징짓는 단일 뇌 이상, 단일 유전자는 찾아내지 못했으며, 정신분열증은 뇌 구조 및 기능, 유전, 심리사회적 환경의 복잡한 상호작용의 결과로 보아야 한다(Frances, 2013/2014; Li et al., 2012; Oliver & Fearon, 2008; Tsuang et al., 2011). 여기서는 정신분열증의 발병과 경과에 영향을 주는 다양한 요인들에 대해 소개할 것이다.

1. 정신분열증은 뇌 장애인가

　요즈음 접할 수 있는 정신의학 관련 서적에는 대부분 정신분열증을 뇌의 장애라고 소개하고 있다. 현재 이 입장이 많은 정신병리 전문가에게 가장 우선적으로 채택되는 입장이고, 신경과학과 유전과학의 발달에 힘입어 이 입장을 지지하는 많은 새로운 발견이 나오고 있는 것도 사실이다.

　그러나 명확한 경로나 기제가 밝혀져 있지 않을 뿐 아니라, 뇌의 이상이 누적된 행동장애의 결과일 수도 있으므로 신체적인 요인이 행동 변화에 항상 선행하고 항상 원인이 된다고 단정 짓기에도 근거가 부족하다. 또한 정신분열증 진단을 받은 사람의 뇌 이상의 구조와 기능적 양상이 동일하지 않고 다양하다는 점도 논란거리다.

　많은 연구자의 공통적인 발견은 우리의 몸과 마음, 뇌와 신체, 뇌와 행동은 상호 영향을 주기 때문에 유전적으로 결정된 생물학적 특성일지라도 환경과 행동 변화를 통해 어느 정도 수정이 가능하다는 것이다. 따라서 심리적 측면, 환경적 측면, 학습이나 훈련을 통한 행동 및 사고방식의 변화 등 심리환경적 요인에 대한 고려도 필요하다.

그러면 지금부터 정신분열증과 관련된다고 가정되는 뇌의 구조적 이상, 뇌의 기능적 이상, 신경전달물질의 역기능, 신경발달적 접근 등을 중심으로 주요 연구결과들을 살펴보도록 하겠다.

1) 뇌의 구조적 이상

뇌의 구조적 이상을 정신분열증의 원인으로 가정하는 경우에는 뇌의 형태나 구조가 정상인과 다른가에 초점을 둔다. 부검, 자기공명 영상장치MRI, 컴퓨터 단층촬영CT 등을 동원해 연구한 결과, 신경과적인 뇌질환 환자는 뇌에 공통적인 징후를 남기는 데 반해, 정신분열증 환자는 뇌의 구조적 이상이 매우 다양한 형태로 나타났다.

정신분열증 환자의 경우 정상인보다 뇌실의 크기가 크고 뇌피질의 양이 적은 경우가 많으며, 측두엽, 전전두엽 피질, 해마 영역의 회백질 부피가 감소되어 있다고 보고되었다. 하지만 이러한 각각의 두뇌 영역의 구조적 이상에 대한 연구들은 비일관적인 면이 많다. 더구나 뇌 구조의 변화가 질환의 원인이라기보다는 질환이 진행된 결과로 보는 입장도 설득력이 있다. 뇌실의 확장과 뇌의 용적 감소는 다양한 정신질환에서 공통적으로 보고되고 있고, 더 나아가 자연 노화의 일환으로 진행될 수도 있기 때문이다.

2) 뇌의 기능적 이상

뇌의 기능적 이상이란 뇌의 구조 자체보다는 기능상에 문제가 있는 경우를 말한다. 뇌의 구조와 기능은 컴퓨터의 하드웨어와 소프트웨어로 비유될 수 있다.

(1) 생리적 측정

컴퓨터 단층촬영CT, 기능적 자기공명 영상장치fMRI, 양전자방출 단층촬영PET, 국소뇌혈류 조영술RCBF, 뇌전위영상BPI, 확산텐서영상DTI 등을 통해 정신분열증 환자의 뇌 기능을 연구한 결과, 뇌 전두피질에서 대사 수준이 감소되어 있었다. 이러한 대사 수준 감소는 특히 주의, 운동, 추상적 사고 기능 과제 수행 시 더 두드러졌는데(Tsuang et al., 2011), 이는 정신분열증 환자의 뇌가 주변 환경에 빠르고 효율적으로 반응하지 못한다는 증거가 될 수 있다. 왜냐하면 전두피질은 사고와 정서,

뇌의 다른 영역의 활동을 조정하고 통합하는 기능을 담당하기 때문이다.

비교적 일관되게 정신분열증은 뇌의 전두피질과 측두엽의 기능 이상과 관련되는 것으로 나타나고 있다. 그러나 이 결과는 뇌의 이러한 기능적 이상이 행동에 어떤 방식으로 어떤 경로를 거쳐 영향을 주는지는 설명하지 못한다. 이를 보완할 수 있는 연구방법은 뇌와 행동 간의 관계를 연구하고 측정도구를 개발하는 심리학 분야인 신경심리학Neuropsychology이다.

(2) 신경심리검사

신경심리학적 연구는 특정 뇌 기능을 측정하도록 고안된 행동적 과제를 통해 뇌의 기능적 이상을 검색하는 것이다. 다양한 검사 도구를 통해 정신분열증 환자와 정상인을 비교한 결과, 정신분열증 환자는 정상인에 비해 지능, 실행기능, 기억, 정신운동속도, 주의, 사회적 인지능력 등에서 저조한 수행을 보였다(Tandon, Keshavan, & Nasrallah, 2008).

그렇다면 이러한 기능 저하의 원인은 어디에 있을까? 하나의 가설로 현재 가장 강력하게 대두되고 있는 것이 신경전달물질의 역기능이다.

3) 뇌의 생화학적 이상

• 신경전달물질의 역기능

신경전달물질이란 뇌신경의 기본 단위세포인 뉴런neuron 간의 정보전달 과정에서 사용되는 화학물질이다. 신경세포인 뉴런은 정보처리라는 신경계 고유의 역할을 수행한다. 뉴런은 감각세포나 다른 뉴런으로부터 신호를 전달받아서 이를 통합하고, 통합 결과를 반영하는 신호를 다른 뉴런이나 근육세포에 전달한다. 뉴런은 정보를 받아들이는 가지인 수상돌기와 정보를 전달하는 가지인 축색돌기를 많이 가지고 있으며, 한 뉴런의 축색돌기에서 다른 뉴런의 수상돌기로 신호가 전달된다. 이 둘이 접촉하는 사이에는 작은 공간이 있는데 이를 연접부synapse라 한다. 뉴런 간의 정보 전달은 연접전 뉴런에서 분비된 신경전달물질이 연접후 뉴런의 수용기에 결합됨으로써 이루어진다. 즉, 신경전달물질이 정보전달의 한 매개체가 되는 것이다. 신경전달물질과 수용체는 열쇠와 자물쇠처럼 서로 구조적으로 결합된다. 이런 신경전달물질에는 여러 종류가 있으며, 우리 뇌에서 자체 생산된다.

신경전달물질의 역기능은 연접부에서 적절한 신경전달물질을 산출하는 데 실패해서 지나치게 많거나 적은 경우, 잘못된 물질을 생성하는 경우, 또는 수용기가 적거나 지나치게 많

아서 받아들이는 양에 문제가 있거나 수용기 자체가 기형인
경우에 발생할 수 있다. 많은 연구자가 신경전달물질의 불균
형이나 연접부에서의 이상 활동을 정신분열증의 원인으로 가
정한다. 정신분열증 치료에 사용되는 약도 대부분 신경전달물
질의 합성을 촉진 혹은 억제하거나, 분비량을 조절하거나, 대
사 과정에 영향을 주어 농도를 변화시키거나, 수용기에 결합
되는 과정을 차단하는 효과를 가지는 것들이다. 정신분열증과
관련된다고 알려진 대표적 신경전달물질은 다음과 같다.

① 도파민

정신분열증과 관련된 신경전달물질로서 가장 많이 연구된
것이 도파민dopamine이다. 연구자들이 도파민에 관심을 갖게
된 계기는 2가지다. 하나는 심리장애가 없는 사람도 뇌에서
도파민 생성을 자극하는 약물인 암페타민amphetamine을 다량
복용하면 정신분열증 환자와 유사한 증상을 보인다는 것이다.
또 다른 계기는 정신증 치료제인 신경이완제가 정신분열증과
암페타민 남용 모두에서 증상 완화 효과를 보였다는 점이다.
더구나 정신분열증 환자의 뇌를 부검한 결과 뇌에 도파민 수
용기가 증가되어 있다는 보고도 있었다.

그러나 모든 정신분열증 환자가 도파민 수용기 증가를 보
이지는 않았으며, 양성 증상 위주의 유형 I 정신분열증에만 적

용되는 가설일 수 있다. 또한 뇌 연접부에서의 화학적 전달은 수분 내에 이루어지는데도 도파민 수용기에 영향을 주는 항정신병제의 효과는 6주 정도에 걸쳐 점진적으로 나타나는 등 그 기제가 명확하지 않은 부분들이 있다. 또한 정신분열증의 뇌 구조와 관련해 제기된 쟁점과 마찬가지로, 도파민 증가가 정신분열증의 원인인지 결과인지에 대해서도 여전히 논쟁 중이다(Tsuang et al., 2011).

② 노르아드레날린과 세로토닌

최근에는 도파민 외에 노르아드레날린noradrenaline과 세로토닌serotonin 또는 5-HT에 관심을 갖고 연구가 진행 중인데, 이 2가지 신경전달물질 수준이 높으면 정신분열증의 증상이 나타난다는 것이다. 이 가설은 세로토닌과 도파민 모두에 영향을 주어 두 화학물이 균형을 이루도록 하는 약물인 클로자핀clozapine의 효과와도 관련된다.

4) 신경발달장애로서의 정신분열증

앞서 설명한 대로 뇌 이상이 정신분열증의 직접적이고 유일한 원인은 아니다. 이는 유전적 측면, 구조적 측면, 기능적 측면, 생화학적 측면 모두에서 그렇다. 정신분열증 스펙트럼

장애예: 분열형 성격장애에서도 정신분열증과 유사한 뇌의 구조적
이상이 발견되는 등 정신분열증의 뇌 이상이 유전과 관련된다
는 증거들이 있다. 그러나 문제가 되는 것은 정신분열증이 남
자는 18~25세, 여자는 26~45세에 주로 발병하는데, 만약
유전적 이상에 의한 것이라면 아동기에서도 발견되어야 한다
는 것이다. 이런 비판에 대해, 아동기에도 발병하지만 그 증상
이 경미하여 탐지가 되지 않을 뿐이며, 또한 정신분열증과 관
련된 것으로 가정되는 전두피질이 가장 늦게 발달하는 뇌 영
역이기 때문이라고 반박할 수도 있다. 그렇지만 어쨌든 정신
분열증이 주로 뇌 발달이 완료된 이후에 발병하는 것으로 미
루어볼 때 환경적 스트레스의 영향도 무시할 수는 없다.

즉, 정신분열증이 유전적 요소가 많고, 뇌 이상과의 관련성
도 높으나, 그것만으로는 완전한 설명이 못 된다. 환경적 요인
에 의해 정신분열증과 유사한 증상을 나타낼 가능성도 있기
때문이다. 따라서 환경적 상황이나 심리적 측면 등 다른 요인
들을 종합적으로 고려하는 것이 바람직하다. 이런 측면에서
최근 강조되는 것이 정신분열증을 신경발달장애로 보는 입장
이다. 정신분열증을 신경변성질환neurodegenerative disease으로 보
지 않고, 신경발달적으로 취약성을 가지고 있는 개인이 스트
레스나 환경적 요인에 직면하면 장애가 촉발된다고 보는 것이
다. 이러한 관점에서 유전에 환경태내, 출산 시, 출산 후 성장 환경 등의

효과가 더해지는 가산적 효과로 정신분열증의 신경발달적 취약성 정도가 결정되고, 심리사회적 환경 요인에 의해 역치를 넘어서게 되면 발병한다는 다인성 다유전자 모형multifactorial polygenic model이 정신분열증 스펙트럼 장애의 설명모형으로 주목받고 있다(Li et al., 2012; Tsuang et al., 2011). ❖

2. 정신분열증은 유전되는가

　만약 정신분열증이 유전된다면 유전자를 공유하는 가족들은 정신분열증의 소인을 가지고 있는 것이다. 어떤 질병이나 성격, 기질이 유전에 의해 결정되는 정도를 알아보는 연구는 친족에서의 발병률 조사, 즉 가계 연구와 쌍생아 연구, 입양 연구 등으로 이루어진다. 학자들은 수십 년간의 연구를 통해서 정신분열증의 발병에 있어서 유전이 매우 높은 영향력을 갖고 있다는 데 동의한다. 다만, 유전이 정신분열증의 유일한 원인이 아니며, 단일 유전자가 아닌 여러 유전자가 관여하는 것으로 알려져 있다(Li et al., 2012; Tsuang et al., 2011).

1) 연구방법

(1) 가계 연구

가계 연구들에 따르면, 정신분열증 환자의 형제자매는 일반인의 10배, 정신분열증 환자의 자녀는 일반인의 15배까지 정신분열증에 걸리는 비율이 높았다. 심지어 3촌 이내의 친족에서도 일반인의 2.5~4배 가까운 발병률을 나타냈다. 이는 정신분열증에 상당한 유전적 요인이 있음을 시사하는 것이다.

(2) 쌍생아 연구

쌍생아 연구는 주로 일란성 쌍둥이와 이란성 쌍둥이를 비교함으로써 정신분열증을 일으키는 유전적 요인과 환경적 요인을 비교하는 절차다. 연구결과, 일란성은 가계 연구에서 밝혀진 바와 같이 53% 정도 일치율을 보이고, 이란성은 성이 같을 때는 12%, 성이 다를 때는 6% 정도였다. 이란성보다 일란성이 유전적 소인을 공유하는 정도가 높으므로, 이란성보다 일란성에서 정신분열증 일치율이 높다는 것은 역시 유전적 영향이 있음을 시사한다.

그렇지만 일란성 쌍둥이도 53% 정도로 100%에는 많이 못 미치고, 이란성의 경우 15% 정도가 정신분열증에 걸리며, 그 외의 경우는 14% 이하여서(Tsuang et al., 2011), 유전이 설명

하는 부분이 절대적으로 크지는 않음을 보여준다. 적어도
47% 이상은 환경이 결정하며일란성 쌍둥이는 환경도 공유하므로 일치율
53%에는 환경적 기여도 포함될 수 있기 때문, 일란성 쌍둥이가 아닌 경우
는 환경적 결정요인이 80%를 훨씬 넘는다. 여기서 환경적 영
향은 태내 환경, 즉 산모의 영양, 정서, 건강 상태 등 임신 중
의 환경까지 포함한다.

(3) 입양 연구

정신분열증의 유전 가능성을 연구하는 또 다른 방법이 입
양 연구다. 입양 연구란 친부모가 정신분열증인 입양아와 친
부모가 정신분열증이 아닌 입양아의 비교, 정신분열증이 발
병한 입양아의 친가와 입양 가정의 정신분열증 환자 비율 비
교, 양부모가 정신분열증인 경우와 친부모가 정신분열증 또
는 정상인 경우의 비교로 이루어진다.

연구결과, 친부모가 정신분열증일 때 정신분열증 발병이
많았고, 양부모가 정신분열증인지의 여부는 발병에 큰 영향
이 없었으며, 정신분열증 환자의 친가 쪽이 양부모 쪽 가족보
다 2배 정도 정신분열증이 많았다. 이 결과 역시 정신분열증
발병에 유전적 영향이 큼을 시사한다.

(4) 정신분열증 환자의 친족 연구

최근에는 정신분열증 환자의 가족이나 친척을 추적 관찰하여 실제 정신분열증 발병으로 이어지는지와 그 과정에서의 인지적·행동적 변화를 연구하는 것이 주된 연구방법이 되고 있다. 이를 고위험군 연구high risk group study라고 부르며, 환자와 일차 친족들 간에는 어떤 유전적 취약성을 공유하는 것으로 가정한다.

가계 연구, 쌍생아 연구, 입양 연구, 친족 연구 모두는 정신분열증이 적어도 일정 부분은 유전적 요인에 의해 결정됨을 보여준다. 그렇다면 자녀가 정신분열증에 걸리는 것은 부모의 책임인가? 실제로 많은 부모가 자녀가 정신분열증에 걸리면 자신들 때문이라고 생각해 죄책감에 빠지곤 한다. 그리고 많은 사람이 정신분열증 부모를 둔 사람과 교제하거나 결혼하는 것을 꺼린다. 이는 모두 유전적 측면에 대해 강한 의구심을 가지고 있기 때문이다. 그러나 앞서 살펴보았듯이 순수하게 유전적인 원인이 차지하는 비중은 우리의 생각보다 그렇게 높지는 않다.

물론 부모가 자녀에게 제공하는 환경까지를 부모의 책임으로 본다면 그 비중은 더 커지겠지만 그런 식으로 일방적으로 몰아붙이기에는 근거가 부족하다. 더구나 유전되는 것은 정신분열증 자체가 아니라 그 위험성이다. 그리고 현재 연구자들이 직면하고 있는 또 다른 문제는, 정신분열증이 유전된다고 하더라도 그 정확한 경로나 기제가 분명하지 않다는 것이다.

2) 유전의 가능한 기제

정신분열증의 유전적 소인이 있다고 볼 때, 어떤 경로로 그리고 어떤 기제에 의해서 유전될까? 여기에는 몇 가지 가능성이 있는데, 대표적인 가설에는 단일 유전자의 이상_{예: 6번, 22번 유전자 또는 도파민 D2, D3 수용기를 복제하는 유전자의 이상}이라는 가설과 여러 유전자가 서로 그리고 환경과 상호작용한 결과라는 가설이 있다. 현재까지의 연구결과로는 두 번째 가설이 더 설득력이 있는 것으로 받아들여지고 있다. 즉, 유전자 변이와 정신분열증의 경로가 다양하게 발견되는 등, 단일 유전자의 이상보다는 여러 유전자가 서로 작용하고 또 환경과도 상호작용해서 나타난다는 것이다.

유전자 연구는 정신분열증의 원인 확인이라는 목표 외에도 유전자 검사로 미래의 정신분열증을 조기에 발견하고 발병 전에 미리 개입하는 것을 최종 목표로 하고 있다. 가족 중 정신분열증 계열의 장애를 보이는 사람을 체계적으로 연구함으로써 주의력 결함이나 안구운동 이상 등 어린 시절에 탐지할 수 있는 정신분열증의 여러 지표를 확인하고 사전에 개입하는 것이 가능할 것이다. 과학자들은 미래엔 정신분열증의 유전적 위험도 프로파일genetic risk profile 작성이 가능할 것이라는 꿈을 갖고 연구 중이다. ◆

3. 환경과 경험의 역할

앞에서는 정신분열증 자체가 아닌 그 위험성이 유전된다는 사실과 유전이 정신분열증을 전적으로 설명하지 못한다는 사실을 소개하였다. 그렇다면 환경 요인은 정신분열증에서 어떤 역할을 하는가? 여기서 환경 요인이란 유전자에 의하지 않은 모든 사건─심리적 사건가족 및 사회 경험 등, 사회적 사건빈곤, 가난, 사회경제적 박탈 등 그리고 생물학적 사건뇌 손상이나 바이러스 감염 등─을 포함한다. 환경 요인들은 정신분열증의 직접적 원인으로서보다는 경과와 증상, 재발 여부에 영향을 미치는 요인으로 고려되고 있다.

1) 가족의 태도

정신분열증의 경과와 재발에 영향을 주는 환경 요인으로

가장 널리 알려진 것은 환자에 대한 가족의 태도다. 특히 가족
이 정신분열증 환자에게 보이는 부정적 정서, 태도와 행동은
환자의 경과와 증상, 재발 여부에 영향을 주는 것으로 알려져
있다. Shah 등(2014)의 대규모 조사에 따르면, 정신증 환자의
30.6%가 아동기 학대를 경험했고, 특히 여성이 남성보다 3배
가까이 많았다. Varese 등(2012)과 van Nierop 등(2015)의
연구에서도 학대, 방임 등의 아동기 역경과 정신증의 강한 관
련성이 보고되었다. 아동기 학대가 정신분열증의 원인이라고
는 볼 수 없지만, 적어도 정신분열증의 위험을 높이는 것은 분
명한 것 같다.

2) 사회문화적 환경요인

그 개인이 살고 있는살아온 사회문화적 환경이 정신분열증에
영향을 준다는 이론으로, 나라마다 조금씩 정신분열증의 유
병률이 다른 것도 관심의 대상이 되었다. 그러나 사회문화적
요인이 정신분열증을 일으킨 것인지, 정신분열증 환자이기
때문에 특정 사회문화적 환경으로 들어가게 되었는지는 논란
이 있다.

(1) 사회경제적 위치

여기서는 그 개인이 속한 사회문화적 특성보다는 그 개인의 사회경제적 위치를 강조한다. 즉, 사회경제적으로 하류층에 속하는 사람이 정신분열증에 많이 걸린다는 이론이다. 이는 도시 하류층에서 정신분열증 유병률이 가장 높다는 조사결과와 관련된다. 그러나 이 이론 역시 논란이 있다. 정신분열증이라는 병적 상태가 그 개인을 하류층으로 이끌었다고 볼수도 있기 때문이다. 또한 낮은 사회경제적 위치는 정신분열증의 발병에 영향을 미치는 발달기 영양 섭취의 부족과도 관련된다고 할 수 있다. 그러므로 조심스러운 접근이 필요하다.

(2) 도시 거주 여부 및 이민

주로 대도시에 거주하거나 외국에서 이민을 온 것과 같은 환경적 요소도 정신분열증의 발병 가능성을 높인다. 대도시라는 생활조건과 이민이라는 극심한 사회문화적 스트레스 조건하에서는 발병 위험이 높아진다.

3) 생물학적 환경요인

정신분열증에 영향을 주는 환경 요인으로 최근 가장 주목받고 있는 것 중 하나가 바로 생물학적 환경이다. 여기서 일차

적 관심은 임신 중 및 출산 당시의 문제들과 바이러스 감염에
의한 영향이다.

(1) 임신과 출산 시의 문제

임신 중의 외상, 영양실조, 감염, 납 등 독성물질 중독, 출산
시의 외상, 산소결핍, 출혈, 출생 직후의 생리적 · 심리사회적
문제가 정신분열증의 원인이 될 수 있다는 가설이다. 이 가설에
대한 입장은 크게 2가지다. 하나는 이 가설을 그대로 지지하는
입장이고, 다른 하나는 이들 요인이 정신분열증의 직접적인 원
인이기보다는 유전적 소인을 촉발시키는 요인이거나 유전적 소
인에 더해져 신경발달적 취약성을 형성한다는 입장이다. 물론
이 문제는 정신분열증의 정의와 진단기준을 어떻게 설정하느냐
와 관련이 있다. 따라서 정신분열증의 진단적 정의를 엄격하게
좁혀서 본다면 후자의 설명이 더 타당한 것으로 보인다.

(2) 바이러스 가설

바이러스는 감기에서 에이즈에 이르기까지 수많은 질병을
일으킨다. 이러한 사실 때문에 일부 학자는 바이러스가 정신
분열증도 일으킬 수 있다고 생각한다. 그 간접적인 증거로 정
신분열증 환자가 늦겨울에서 봄 사이에 태어난 경우가 많다는
점을 들고 있다. 이들이 어머니의 자궁에 있을 때가 여름이어

서 바이러스에 더 많이 노출되었다는 것이다.

그 외의 생물학적 환경요인들로는 산모의 고혈압, 풍진, 비타민 D 결핍, 높은 고도에서 거주하는 것, 환경오염 등이 거론되고 있다.

4) 환경 요인이 정신분열증의 경과에 미치는 영향

그 원인이 무엇이건 간에 정신분열증의 경과는 매우 다양한 형태로 나타난다. 이것은 다양한 환경 요인이 정신분열증의 경과에 영향을 주고 있다는 증거다. 실제 연구결과에서도 환경 요인이 정신분열증의 경과에 영향을 준다는 것이 밝혀졌다. 특히 스트레스와 환자에 대한 가족의 태도는 증상 변화와 재발에 영향을 미치며, 아동기 외상이나 학대 경험도 직접 원인은 아니지만(Bendall, Jackson, Hulbert, & McGorry, 2008) 재발 위험도를 높인다. 환경 요인은 기질적 요인이나 유전요인에 비해 상대적으로 조작하고 통제하기가 용이하다는 점에서 환경적 변화를 통한 치료적 처치가 유용하다. 즉, 환경 관리와 심리사회적 접근을 통해 정신분열증의 경과에 효과적인 처치를 행할 수 있으며, 따라서 오직 약물에만 의존하는 치료의 효과는 제한적이라고 할 수 있다. ◆

4. 취약성–스트레스 상호작용 모형

앞서 살펴본 정신분열증의 원인에 대한 연구들에서 유전, 뇌의 기질적 장애, 가족 및 심리사회적 요인 중 어느 하나만으로는 완전한 설명이 불가능하다는 사실을 확인했다. 따라서 정신분열증을 비롯한 심리장애들을 이해하고 치료하기 위해서 개인적 특성과 환경과의 상호작용을 강조하는 입장이 대두되었는데, 그것이 바로 취약성–스트레스 상호작용 모형소질-스트레스 모형 또는 생물심리사회적 모형이다.

1) 취약성–스트레스 상호작용 모형

취약성 혹은 소질이란 유전적 소인과 환경의 지속적인 상호작용 과정에서 점진적으로 형성된 정신병리에 대한 취약성을 말한다. 이 모형에서는 유전적 소인이나 뇌 신경계의 이상을 지닌 개인이 환경과 상호작용함으로써 특정 심리장애에 취약한 행동적 · 정서적 · 인지적 특성을 형성하게 된다고 본다. 이런 개인의 취약성은 신체생물적으로 나타날 수도 있고 심리사회적으로 나타날 수도 있다.

이렇게 형성된 취약성이 바로 장애나 증상으로 표현되는 것은 아니고, 취약성을 지닌 개인이 스트레스 사건과 같은 환경 조건에 직면하게 되면 장애가 발현된다는 것이다. 여기서 환경 조건도 생물적 · 심리적 · 사회적 변인 간의 상호작용으로 나타나게 된다.

취약성은 개인마다 그 정도가 다르기 때문에 동일한 환경 조건하에서도 어떤 사람은 장애를 보이고 어떤 사람은 보이지 않게 된다. 또한 환경 여건의 정도도 달라서 재난, 전쟁, 심각한 폭력 같은 매우 강력한 스트레스 상황에서는 대부분의 사람이 장애를 일으킬 수 있다. 어쨌든 개인의 취약성 정도와 환경 스트레스의 강도가 장애 여부를 결정하여, 취약성이 높은 사람은 약한 스트레스에도 장애가 발생되는 데 반해 취약성이 낮은 사람은 상대적으로 심한 스트레스에도 장애 없이 적응할 수 있다고 본다. 이 모형은 불안장애나 성격장애뿐만 아니라 정신분열증에도 적용된다.

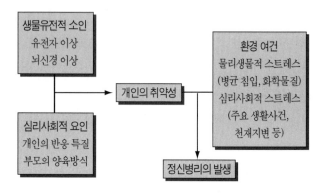

〈정신병리 발생의 취약성-스트레스 상호작용 모형〉

(출처: 원호택, 1997)

2) Zubin의 취약성 모형

조셉 주빈Joseph Zubin은 정신분열증에 대한 취약성-스트레스 모형을 제안했다(Zubin & Spring, 1977). 정신분열증의 경우 장애 자체가 만성화되는 것보다는 장애에 대한 취약성이 지속되는 상태라고 가정하였다. 정신분열증에 대한 취약성 정도가 개인마다 다르며, 이 수준은 유전적 요인과 출생 전후의 신체적·심리적 요인 등에 의해 결정되고, 스트레스 사건이나 생활조건과 상호작용해서 그 결과가 일정한 수준을 넘게 되면 정신분열증이 발병한다는 것이다. 주빈의 이론은 일란성 쌍둥이도 100% 일치하지는 않는 현상을 설명할 수 있다.

이 모형은 정신분열증이 유전된다는 입장과는 근본적인 차이가 있다. 만약 스트레스가 감소하면 정신분열 증상도 감소하고 결국 이전의 기능 수준으로 회복될 수 있다고 가정하기 때문이다.

주빈의 이론은 유전이나 생리적 연구가 정신분열증에 취약한 사람의 특성이나 장애의 지표들을 밝히는 데 유용할 수 있음을 시사한다. 또한 이를 통해 각 개인으로 하여금 장애를 일으킬 만한 스트레스를 미리 피하도록 할 수 있다. 이는 지지적 환경의 제공과 보다 나은 대처기술 개발을 통해 가능할 것이다. 주빈의 이론을 지지하든 지지하지 않든, 현대 대부분의 연구자는 정신분열증이 생물학적 구성, 대처 기술, 환경 조건 및 생활사건 등을 포함한 여러 요인의 산물이라는 점에는 동의한다.

3) Perris의 발견적 상호작용 모형

Perris(1988)는 정신분열증을 비롯한 다양한 정신병리의 원인에 대한 이론적 모형으로 발견적 상호작용 모형heuristic interactional model을 제안했다. 이 모형은 개인의 취약성과 생활사건 및 환경과의 상호작용의 결과로 장애가 발생한다고 가정하는 점에서는 앞에서 소개한 Zubin의 모형과 유사하지만,

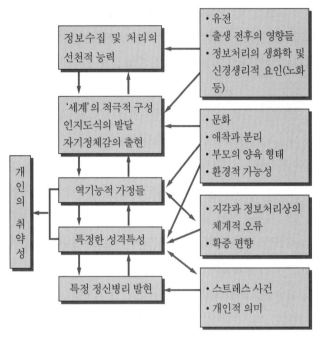

〈Perris의 발견적 상호작용 모형〉

(출처: Perris, 1988)

개인의 취약성 요인 중 특히 인지 과정을 강조하여 인지행동
적 모형으로 볼 수 있다는 점이 다르다. 이 모형에서는 일반적
으로 인지 과정이, 특히 그중에서도 정보의 수집 및 처리 과정
이 궁극적으로 정신병리의 발현을 유도하는 데 매우 중요하다
고 본다.

앞에 제시된 그림을 통해 개인의 취약성 발달에 기여하는 것으로 가정되는 요인들을 보다 상세하게 볼 수 있다. 이 모형에 따르면, 정신분열증이 발병한 사람은 초기 발달 단계에서 이미 정보의 수집과 처리 과정에 장애를 보인다.

Perris는 이러한 모형에 기초하여 정신분열증에 대한 집중적인 인지행동치료를 소개하고 있으며, 이후 많은 인지치료자 또는 인지행동치료자가 Perris와 유사한 맥락에서 정신분열증에 대한 치료 방략들을 소개하고 있다. 그리고 최근에는 망상, 환각, 음성증상, 자기개념, 예방적 개입 등 구체적인 증상이나 영역별 치료법들이 활발히 소개되고 있다.

4) 유전자-환경 상호작용 모형

앞서 제시한 취약성-스트레스 상호작용 모형은 엄밀하게 따지면 유전자 연구가 충분히 활용되기 이전의 간접적인 추론에 의한 설명 이론이라고 할 수 있다. 그렇기 때문에 현대적 관점에서 정신분열증의 원인론 연구는 발전된 유전자 연구를 포함해야 한다. 모호한 관계를 가정하는 이전의 취약성-스트레스 상호작용 모형에서 한 발 더 나아가 정신분열증의 발병에는 특정 유전적 소인을 가진 사람이 외부적 환경자극에 노출되었을 때 비로소 문제 유전자의 영향력이 발현된다는 유전자-환경 상호작용 모형이 제기되고 있다.

이 모형에 따르면 정신분열증을 유발할 수 있는 유전자와 환경적 요인인 대도시 거주, 이민, 마리화나 사용, 외상적 사건 경험 등이 결합되면서 유전자 단계에서부터 아주 점진적으로 변화가 발생하여 최종적으로 정신분열증을 발병할 수 있는 수준이 된다는 것이다.

이러한 설명은 과학적 연구에 기반을 두고 있는 만큼, 가장 유력한 원인론적 모형 중 하나라고 할 수 있다. 하지만 현재로서는 관여하는 유전자 또는 유전자들이 무엇인지와 환경과 유전자가 상호작용하는 방식이 명확히 밝혀져 있지 않고, 아직 증명해야 할 부분도 많다. ◆

5. 정신분열증의 예측요인

최근 정신병리 연구의 방향은 정신장애의 치료보다는 예방으로 향해 있으며, 장래의 환자를 미리 확인해서 예방적 개입을 하는 것이 목표다. 이런 측면에서 가장 중요한 것이 특정 정신장애의 전조와 예측요인또는 위험지표을 밝혀내는 일이다. 즉, 어린 시절 장래의 정신분열증 환자가 보이는 독특한 특성들을 확인해 미래의 위험에 대비하고 발병 가능성을 줄일 수 있도록 개입하는 것이 매우 중요하다.

연구자들 및 임상가들은 정신분열증 조기 발견의 중요성을 인식하고, 전구 증상을 밝혀 그에 따라 치료적 절차를 달리하려는 노력을 지속적으로 해왔다. 연구결과의 누적으로 정신분열증 고위험군이 나타내는 고유한 특징과 발병 전 증상에 대해 상당 부분 정의할 수 있었다. 그 결과, DSM-5(APA, 2013)에서는 '정신증 위험 증후군Psychosis Risk Syndrome'과 '약

화된 정신증 증후군Attenuated Psychosis Syndrome'이라는 진단 유
목을 부록에 추가하였다. 약화된 정신증 증후군은 정신분열
증의 주된 증상인 망상, 환각, 와해된 언어 중 한 개 이상의 증
상이 약화된 형태로 나타나고 현실검증력도 비교적 양호하지
만 임상적 주의를 기울여야 할 만큼의 빈도가 충분한 경우를
뜻한다. 그러나 약화된 정신증 증후군을 나타내는 사람들 중
상당수는 정신분열증으로 발전하지 않는다는 사실에는 주의
가 필요하다. 약화된 정신증 증상을 보이는 사람에 대해 성급
하게 정신분열증 진단을 내려서는 안 된다(예: Carpenter &
van Os, 2011; Frances, 2013/2014). 더 나아가 아직 약화된
정신증 증후군에 대해 발병 위험성을 낮추기 위한 구체적인
치료법이 확립되어 있지 않다는 점도 중요하다(Tandon,
Shah, Keshavan, & Tandon, 2012).

아직 그 구체적 관련성이 명확히 밝혀진 것은 아니지만 정
신분열증의 전조로 고려해볼 수 있는 요인들로는 다음과 같은
것들이 있다.

- 손상된 주의
- 단기기억 및 작업기억 손상
- 눈 운동의 이상
- 급격한 사회적 철수

- 학교생활에서의 어려움
- 기괴한 행동
- 의심

유아기 또는 아동기에 위와 같은 문제들이 복합적으로 나타나고, 1장에서 소개한 전구 증상들이 나타난다면 후에 정신분열증에 걸릴 위험이 높다고 볼 수 있다. 따라서 이런 아동에게는 잘 설계된 예방 프로그램을 실시함으로써 장차 정신분열증으로 진행될 가능성을 줄여주는 것이 중요하다.

이런 유형의 연구는 정신분열증의 원인과 예방 연구에 중요한 공헌을 했다. 그렇지만 아직 이런 위험지표 연구에는 문제가 많다. 위에 제시된 문제들을 읽으면서 대부분 의문을 가졌겠지만, 과연 이런 문제를 가진 아동이 모두 정신분열증으로 진행되느냐 하는 문제가 있다.

위에 제시된 문제 중 어느 한두 가지를 나타냈다고 정신분열증 환자로서의 잠재력을 가졌다고 볼 수는 없다. 한두 가지 문제를 가진 아동은 수없이 많지만 그들이 모두 정신분열증이 되는 것은 아니기 때문이다. 그러나 이 문제들 중 많은 문제를 동시에 가지는 아동의 경우 그 위험성에 대해 심각하게 고려해야 하는 것만은 분명하다. ◈

정신분열증을
어떻게 치료할 것인가

3

오래전 TV의 한 프로그램에서 〈OOO 씨〉라는 단편 드라마를 방영한 적이 있다. 주제는 정신분열증에 걸려 망상에 빠진 환자 OOO 씨를 치료하는 것이 과연 그 사람을 위하는 일인가 하는 것이었다. 왜냐하면 그는 망상 상태에서는 매우 '행복'했기 때문이다. 그는 망상 상태에서는 자신감마저 보였다. 그러나 치료를 통해 망상이 없어지자 정신분열증 환자였던 자신의 모습을 직면하고 매우 불행해했다.

그렇다면 망상에 빠진 '행복한' 사람을 치료하는 것은 과연 바람직한가? 아마도 이 질문에 대한 답은 쉽지 않을 것이다. 왜냐하면 환자 자신만을 고려할 수는 없는 일이기 때문이다. 망상으로 인해 일상적인 삶을 영위하지 못하는 환자 자신은 물론 고통받는 가족과 주변 사람들, 사회적 비용까지 염두에 두어야 한다. 그래서 결국 바람직한 치료 방향은 환자가 망상이 아닌 현실세계에서 망상적 행복이 아닌 진정한 행복을 느낄 수 있도록 치료적 도움을 주는 것이라고 할 것이다.

1. 정신분열증 치료의 역사

　정신분열증에 대한 개념과 치료에 대한 입장도 시대에 따라 달랐다. 1장에서 보았듯이 고대 사회와 중세에는 귀신론이 득세했다. 중세에는 정신분열증 환자를 악마에 사로잡힌 사람으로 취급하였고, 치료보다는 악마를 가려내고 내쫓는 것이 중심이 되었다. 그래서 정신병 환자를 구금하거나 괴롭히는 것이 악마를 몰아내는 일반적인 방식이었으며, 심한 경우 화형에 처하기도 하였다. 중세의 부정적인 입장과는 달리 고대에는 정신분열증 환자를 신탁을 받은 사람으로 보고 숭배의 대상으로 삼기도 했다고 한다. 이 2가지 입장은 서로 상반되는 듯 보이지만, 그들을 치료 대상으로 여기지 않고 초자연적인 힘에 의한 것으로 간주한다는 점에서는 비슷하다.

　정신분열증에 대한 이러한 초자연적 편견은 최근까지도 민간요법에 영향을 미쳐 전문적인 치료를 하기보다는 미신적 능력을 통해 치료하려는 경우를 드물지 않게 볼 수 있다. 그리고 이런 민간요법 때문에 치료시기를 놓쳐 어려움을 겪는 경우도 적지 않다. 사실 현대 의학적 입장에서 정신병 환자에게 치료다운 치료를 시작한 것도 그리 오래되지 않았다. 정확하게 말한다면 항정신병 약물이 우연히 발견된 1950년대 이후라고 할 수 있다. 정신병 환자를 인도적인 입장에서 대우하고 치료하기 시작한 것도 고작 200년 정도밖에 되지 않는다.

우리나라에서는 현대 서양의학이 도입되면서 '정신병원'이 생겼지만, 초기에는 거의 수용시설에 불과하였다. 서양에서도 정신병 치료 약물이 개발되기 전에는 치료보다는 수용 위주였다. 그래서 대다수의 정신병원은 외진 곳에 있었으며, 정신분열증 환자 중에는 20년 이상 입원한 사람이 허다하였고, 심지어는 30년 이상 입원해 있는 경우도 있었다.

정신증 증상을 관리하는 항정신병 약물이 개발되고 효과적인 심리사회적 치료법들이 개발되면서, 점차 정신증 환자의 입원 기간이 줄어들고 가능하면 사회에 복귀시켜 치료하려는 경향이 두드러졌다. 2000년대 이후 우리나라에서도 지역정신보건센터가 설립되어 환자가 사회생활을 하면서 치료를 받게 하고 있다. 최근 개정이 예고된 「정신보건법정신건강증진법」에서는 정신장애 환자가 퇴원한 후에도 의학적인 치료는 물론이고 재활치료 교육 및 사회복귀 훈련을 체계적으로 받을 수 있도록 국가적 차원에서 강화하고 있다.

그렇다면 정신분열증은 치료 가능한가? 다른 정신 장애보다 예후가 나쁜 것은 사실이지만, 정신분열증은 적절한 치료를 통해 회복이 가능하다. ◆

2. 정신분열증의 진단, 치료, 예후

1) 전문적인 도움 구하기

정신분열증 환자의 대부분은 증상이 심해지기 전에 스스로 문제를 느낀다. 그들은 자신의 정신 기능이 전과 같지 않으며, 내면적으로 뭔가 모를 심리적 불안과 위기감을 느끼게 된다. 자신의 감정이나 사고를 잘 표현하지 못하며 또한 피해망상이 있는 경우는 친구, 친척, 저명인사 등이 자신을 해치려 한다는 생각을 하거나 자신의 생각을 다른 사람들이 알고 있다고 믿는다.

그런가 하면 아무도 없는데도 다른 사람의 목소리가 생생하게 들리는 경험을 하기도 한다. 어떤 환자는 감각이나 지각 경험이 너무 강렬해서 몹시 당황하기도 한다. 햇빛이나 숲 또는 거리가 전에 없이 강렬한 인상으로 다가오고 소리도 상상을 초월할 만큼 강하게 지각되기도 해서 몹시 안절부절못하는 경우도 생긴다.

이러한 모든 경험은 대처 방법을 모르는 환자를 당혹스럽게 만들고, 심하게 긴장하게 만든다. 그럼에도 그 자신에게는 이러한 모든 경험과 생각이 '실제'인 것으로 여겨지기 때문에 자신이 정신병적 상태에 있다는 사실을 받아들이지 못하고, 병원이나 치료기관에 가는 것을 고려하지 않는다.정신분열증 환자
가 스스로 경험하는 현상에 대해서는 이 책 1장 7절에서 보다 상세히 소개하였다.

정신분열증 환자만 병원을 거부하는 것이 아니다. 환자 가족도 처음 정신병 증상을 접하면 단순히 과로를 해서 예민해진 것으로 생각하거나 성격이 좀 괴팍스러워졌다고 생각한다. 이후 증상이 심각해져도 내 가족이 정신병은 아닐 것이라고 부인하고 종교시설에 보내서 수양하게 한다거나 몸이 허해서 그럴 것이라고 생각해서 보약을 먹이려 한다. 아직 우리 사회에서는 정신병은 나을 수 없는 병으로 낙인을 찍는 경향이 있어서 의료기관의 진단과 치료를 미루게 되고, 그 결과 증상이 만성화되기도 한다.

반복해서 강조하지만, 첫 발병 시 초기 치료가 얼마나 빨랐는지가 치료 종료 시의 예후를 결정한다. 정신분열증의 재발 및 그로 인한 재입원의 가능성을 현저하게 줄일 수 있으며, 가장 증상이 심했을 때의 문제 행동의 심각성을 감소시킬 수 있다. 그리고 그러한 성공적인 치료 경험은 이후에 여러 의학

적·심리적 도움을 구하는 데 더 적극적이 되도록 한다. 특히 약물치료와 인지행동치료, 가족치료에 기반을 둔 재발방지 프로그램을 병행하는 것의 효과는 비교적 안정적으로 검증되었다(Bird et al., 2010).

정신분열증 환자나 가족이 치료기관을 스스로 찾는 경우도 있다. 이 경우 대부분은 자신의 증상 중 일부로 인한 파생적 경험 때문이지 증상 자체 때문은 아니다. 예를 들면, "내 머리 속의 도청장치를 빼 달라"는 등의 호소다. 이렇듯 정신분열증 환자는 망상이나 환각 등의 증상으로 인하여 경험하는 주관적 고통 때문에 정신병원을 찾게 되는 경우가 생긴다.

가족이나 전문가에 의해 환자의 의사와 무관하게 강제 입원이 되는 경우도 있는데, 이러한 강제 입원은 환자에게 충격적인 사건이 된다. 일례를 보자.

고등학교에 다니는 C군은 누군가 자기를 해치려 한다는 생각에 사로잡혀 결국 학교 친구들뿐 아니라 동네 사람도 자기를 해치려 한다고 생각하게 되었다. C군은 점차 학교에 가지 않기 시작했고, 여름인데도 자기 방에서 창문을 꼭꼭 걸어 잠그고 혼자 지냈다. 나중에는 가족도 자기를 흉본다고 생각하게 되었고 방문마저 잠그고 지냈다.

C군의 부모나 가족은 그가 혼자 있는 것이 너무 소심하

기 때문이라고 생각했고, 사춘기앓이 정도로만 생각했다. C군은 부모가 자기를 독살하려 한다고 밥상을 내던지면서 폭발을 한 후에야 강제로 정신병원에 입원하게 되었다.

　강제 입원이 불가피한 경우는 자신 또는 다른 사람을 해칠 위험이 있는 경우인데, 관련 법령에는 이러한 보호의무자에 의한 입원 역시 적법한 보호의무자 2인 이상의 동의와 정신건강의학과 전문의의 '대면' 진단이라는 엄격한 규칙을 정해놓고 있다「정신보건법」(2010) 참조. 치료진은 환자에게 왜 강제로 입원할 수밖에 없었는지를 이해시켜야 한다. 그리고 폐쇄 병실에 입원해야 하는 이유도 잘 이해시켜야 한다. 이러한 이해가 부족했을 때는 여러 부작용이 있을 수 있다. 예를 들어, 강제 입원 경험이 있는 한 환자는 정신병원에 입원하여 치료를 받아 증상이 좋아진 것은 인정하지만, 입원할 때 비인간적으로 취급받은 것과 완전히 갇힌 상태로 있어야 하는 데서 오는 공포감을 오래 기억하는 경우도 있었다. 이런 부정적인 기억 때문에 정신건강의학과 치료에 거부적인 태도가 형성되어 치료 참여에 어려움을 보이는 환자도 생긴다.

　어쨌든 망상, 환각 등의 증상이 심하거나 자해, 타해의 위험이 있을 때는 입원치료가 바람직하다. 입원 상태에서는 환자에게 위험하거나 환자의 증상을 악화시키는 요인들을 대부분 차단할 수 있으며, 정확하고 체계적인 진단과 평가, 급성 증상의 관리, 약물 조절, 위험하지 않은 환경에서의 심리사회적 치료 등이 가능하기 때문이다.

다만, 일정 기간을 넘어서는 긴 기간의 입원은 음성 증상 악화, 입원 증후군(흥미와 주도성 상실, 개인성 결여, 수동적이고 복종적인 경향 증가, 개인적 습관 퇴보 등의 부작용도 있을 수 있으므로(예: Tsuang et al., 2011), 입원 기간을 최소화하는 것이 바람직하다. 따라서 최근 추세는 단기 입원을 통해 급성 증상을 가라앉힌 후 외래에서 관리하는 것인데, 퇴원 후 바로 가정으로 돌아가기보다는 지역정신건강센터, 주간돌봄센터, 직업지도센터 등에서 사회복귀 및 재활을 위한 훈련과 서비스를 미리 받을 것을 권한다.

2) 치료의 시작은 정확한 진단

정신분열증을 효과적으로 치료하려면 무엇보다도 정확한 진단이 앞서야 한다. 그런데 정신분열증의 진단은 그리 간단하지 않다. 앞에서도 보았지만, 정신분열증의 증상이 생겼어도 환자가 돌발적인 행동을 하기 전에는 환자 가까이에 있는 가족들조차 모를 수 있다. 전문가도 환자를 상당한 기간 관찰하면서 면담을 해보아야 비로소 정신분열증을 정확히 진단할 수 있는 경우가 있다. 가족들은 환자를 입원시키면 즉시 진단이 나오고 치료가 이루어지기를 기대하지만, 실제로는 정확한 진단이 이루어지기까지 시간이 걸리며, 그로 인해 본격적인 치료는 다소 지연된다고 느낄 수 있다. 이렇듯 정신분열증의 진단이 어렵고, 진단에 의해서 치료 대책을 강구하게 되므로 이러한 엄밀한 절차를 위해서도 입원은 필요하다.

진단과 치료 작업에 관여하는 사람은 정신건강의학과 의사와 임상심리학자다. 정신건강의학과 의사는 의사로서 훈련받아 장애를 진단하고 약물치료를 포함하는 의학적 치료를 담당한다. 임상심리학자는 각종 심리검사를 통한 정신병리 평가와 심리사회적 치료를 담당한다. 우리나라의 임상심리학자는 이전에는 정신장애자의 치료보다는 진단작업에 주로 종사하였으나, 최근에는 심리치료자로 활동하는 비율이 증가하고 있다.

정신분열증을 치료하는 약물이 많이 개발되어서 정확한 진단이 이루어지면 정신분열증에 대한 약물치료를 필수적으로 시작하게 된다. 정신건강의학과 의사의 처방에 의해 약물치료를 받게 되는데, 약물치료에는 상당한 부작용도 있을 수 있어 꺼려하기도 하고, 환자가 정신분열증 증상을 처음 겪을 때는 약물치료의 필요성을 이해하지 못하는 경우도 있다. 이런 경우에는 정신건강의학과 의사나 간호사 또는 임상심리전문가가 약물치료에 순응하도록 교육 상담을 실시한다.

정신분열증의 치료는 약물치료가 위주이긴 하지만, 그에 더해 심리교육치료와 재활치료, 사회기술 훈련 등 통합적인 접근이 필요하다. 최근에는 병원에서 약물치료와 심리치료를 담당하고, 정신보건센터정신건강증진센터와 같은 지역사회 시설에서 사회복귀와 직업재활을 담당하는 협조적 체계가 확립되어 가고 있다. 그러나 아직까지는 시스템이 완결되어 있지 않아 환자가 적절한 치료교육을 못 받는 경우가 생기는데, 미래에는 각 전문가 집단이 환자 중심으로 협력하는 노력이 좀 더 세분화되고 전문화되기를 기대한다. 심리적 적응 능력의 증진 없이 약물로만 치료하는 것은 분명히 한계가 있기 때문이다.

3) 좋은 치료 효과가 기대되는 환자

정신분열증으로 진단되면 우선 입원치료를 하게 되는데, 치료 효과가 좋은 환자를 미리 예측하는 것은 치료 목표를 설정하고 치료 기간을 예상하는 데 도움을 준다. 이를 예후 prognosis라고 한다. 정신분열증은 다른 질병과 달리 수많은 요인들이 예후와 관련되므로, 예후를 결정하는 요인을 단순히 몇 가지로 일반화해서 말하기는 어렵다.

연구결과들을 종합해보면 정신분열증 환자의 20~30% 정도가 완전 회복에 이른다. 예후와 관련된 변인이란 결국 회복 가능성을 높여주는 요인과 그렇지 못한 요인으로 나눌 수 있는데, 앞에서도 말했지만 아직 명백한 결론을 내리기는 이르다. 현재까지의 연구결과들을 바탕으로 정신분열증의 예후에 긍정적인 영향을 미치는 요인과 부정적인 영향을 미치는 요인을 표로 정리해보았다.

◆ **정신분열증 예후의 긍정적 요인과 부정적 요인**

긍정적 요인	부정적 요인
발병 시기 늦음(30대 이후)	발병 시기 이름
갑작스럽게 발병	서서히 발병
질병 지속 기간이 짧음	질병 지속 기간이 긺
정상적 정동(정서반응이 정상)	둔감한 정동(메마른 정서)
정신적 문제를 자각하고 있음	정신적 문제를 자각하지 못함
명백한 촉발요인(사건)이 있음	촉발요인(사건)이 없음
사회경제적 수준이 높음	사회경제적 수준이 낮음
지능이 높음	지능이 낮음
뇌실 크기가 정상	뇌실이 확장됨(큼)
조증이나 우울증 증상이 있음	조증이나 우울증 증상이 없음
발병 전에 사회적 적응이 좋음	발병 전의 사회적 적응이 나쁨
친·인척 중 양극성 장애 있음	친·인척 중 양극성 장애 없음
여성	남성
가족관계 좋음	가족관계 나쁨
친구나 동료와의 관계 좋음	무직이거나 사회적으로 고립됨
기혼	미혼

표에 제시된 내용을 보면, 대체로 10대 중반의 어린 나이에 서서히 발병한 지능이 낮은 남자 환자의 경우, 그리고 발병하기 전에도 사회생활에 잘 적응하지 못하고 중·고등학교에서 고립된 생활을 한 경우 예후가 좋지 않을 것으로 예상할 수 있다. 반면에, 늦게20대 후반 이후 심한 스트레스를 경험한 직후 갑자기 발병한 지능이 높은 여성은 예후가 좋다고 볼 수 있다. 물론 여기에는 개인차가 따르므로 일률적으로 예측하는 것은 불가능하다. 그리고 또 한 가지 주의할 점은, 부정적 요인이 많다고 해서 포기하기보다는 집중적이고 장기적인 치료를 통해 회복 가능성을 높이는 것이 중요하다. ◆

3. 약물치료

　정신분열증으로 진단되면 일차적으로 약물치료를 받게 된다. 정신분열증 증상을 관리하고 치료하기 위한 약물이 다양하게 개발되었으며, 약물치료의 효과도 약물이 처음 개발된 1950년대에 비하여 현저하게 개선되었다.

1) 약물치료의 효과와 부작용

　신경이완제neuroleptic drugs는 항정신병제antipsychotics로도 알려진 약으로, 1950년대에 우연히 개발되어 현재 다양한 종류가 사용되고 있다. 망상, 환각 등의 증상이 심하고 환자가 비현실적인 말을 해서 대화가 힘들 때 일차적인 치료법으로 각종 신경이완제가 선택되며, 환자의 2/3 정도가 약물치료로 호전된다. 정신분열증 치료제는 정신분열증의 양성 증상을 효

과적으로 통제 또는 조절하고, 재발률을 낮춘다. 그러나 정신
분열증의 유형이 다양하고, 같은 증상이라도 환자마다 약물
의 치료 효과가 달라 처음부터 정확한 약물을 선택하기가 힘
들며, 따라서 환자에게 가장 잘 맞는 약물을 선택하기까지 몇
가지 약물이 시도되는 것이 일반적이다.

항정신병 약물은 증상을 조절하는 데 빠른 효과를 기대할
수 있으나 부작용의 위험이 따르고, 근본적인 치료까지 이어
지지 못하는 경우가 많아 치유cure보다는 증상을 통제control하
는 것으로 개념화하기도 한다(Lencer, Harris, Weiden,
Stieglitz, & Vauth, 2011; Tsuang et al., 2011). 부작용으로는
입 마름, 졸음, 근육이 뻣뻣해지는 것, 어지럼증, 가벼운 떨
림, 시력이 흐릿해지는 것, 식욕증진으로 인한 과식, 안절부
절못하는 행동, 성기능 장애 등이 있다. 그러나 모든 환자가
위에서 열거한 부작용 증상을 모두 경험하는 것은 아니며, 그
중 일부 증상을 경험하게 된다. 그러나 한두 가지라도 이런 증
상이 생기면 환자는 상당히 불편하고 고통스럽다.

최근 부작용은 적으면서 효과는 더 우수한 2세대 약물이 속
속 개발되고 있지만 현재 사용되는 모든 약물이 부작용에서
완전히 자유롭지는 못하다. 이런 부작용 증상들이 나타나게
되면 치료 약물을 바꾸거나 부작용을 없애는 다른 약물을 처
방받게 되는데, 일반적으로는 부가적인 약물 처방으로 잘 통

제되는 경우가 많다. 또한 환자에 따라서는 부작용이 잘 생기지 않는 경우도 있다.

앞에서 언급한 종류의 약물 부작용은 일시적인 것으로 쉽게 통제할 수 있다. 그런데 약을 장기간 복용하면 TDtardive dyskinesia라는 신경과적 문제가 생길 수 있다. 이 증상은 추체외로extrapyramidal 신경계통의 장애로 혀, 입, 입술이나 손발이 불수의적으로 움직이는 것이다. 2세대 약물은 이런 부작용 가능성을 많이 줄였지만, 대사 증후군이나 과립구 감소 같은 부작용을 보일 수 있다(Tsuang et al., 2011).

치료적 측면에서 볼 때 이러한 부작용의 가장 중요한 문제는 환자가 이로 인해 약과 치료에 거부적인 태도를 보이는 것이다. 따라서 부작용이 적은 약을 최소의 용량으로 치료하는 경향이 대두되었고, 환자를 집중 관찰하면서 약물을 사용하면 최소 용량으로도 사회생활을 잘하도록 치료할 수 있다.

2) 약물치료의 전망

약물치료는 증상을 호전시키지만 완치가 되지 않는 경우가 많고, 증상이 없어지고 퇴원하여 가정에 돌아가더라도 재발하지 않으려면 최소 용량의 약물치료를 지속적으로 받아야 하는 경우도 많다. 현재 새로운 약이 계속 개발되고 있고, 효과와 부작용을 개선하고 있어 미래 전망은 밝은 편이다. 하지만 약물요법만으로는 장기간에 걸쳐 감퇴된 사회 기술이나 인지 기능을 회복시키기는 어려워 지역사회 복귀 후 부적응이 심해지고, 증상이 재발할 수 있다. 그러므로 약물치료뿐만 아니라 심리사회적 치료를 통해 환자의 적응 능력을 증진시키고, 가족과 지역사회 개입을 통해 환경을 치료적으로 조성해야 한다.

결론적으로, 약물치료가 정신분열증의 치료에 있어서 가장 중요한 치료법이다. 그러나 정신분열증 환자의 사회복귀와 직업재활을 위해서는 다양한 영역의 통합과 협력이 필수적이다. 정신분열증 환자가 우리 사회의 일원으로 복귀하여 같이 살아가기 위해서는 약물을 비롯한 의학적 처치와 심리치료, 가족과 사회에 대한 개입이 결합되어야 가능함을 명심해야 한다. 이에 대한 책임은 물론 환자나 가족에게도 있겠지만, 그보다는 정신건강의학과 의사와 심리학자를 비롯한 모든 정신보건 전문가에게 있다. ◆

4. 심리사회적 치료

얼마 전까지만 해도 정신과 영역에서는 정신분열증에 심리치료가 효과적이지 않다는 견해가 지배적이었다. 그러나 최근 10여 년간의 연구결과는 심리치료, 특히 인지행동치료가 기본 치료의 일부로 권장될 정도의 근거를 제공하였다(Lencer et al., 2011; Steel & Smith, 2013; Tsuang et al., 2011).

심리치료에는 정신분열증이 장애라는 것, 다시 말하면 환청이나 망상이 현실이 아니라 이 장애에서 유발되는 현상이라는 것을 이해하고, 그런 장애에 걸린 것을 받아들여 치료 작업에 적극적인 노력을 할 수 있게끔 하는 것을 비롯하여, 장애에서 회복될 수 있고 치료한 후에는 사회생활에 적응할 수 있다는 희망을 갖게 하는 것을 포함한다. 그리고 스스로 갖고 있는 삶의 잠재력을 개발하게 하고, 자기의 행동을 통제할 수 있는 능력을 향상시키는 교육을 포함한다. 또한 사회적 관계를 원만하게 맺어갈 수 있도록 하는 심리사회적 치료교육도 포함된다.

심리치료란 심리교육적 방식으로 부적응적 사고와 정서, 행동을 수정하는 모든 치료적 접근을 말한다. 심리치료에서는 환자가 치료자에게 자신의 문제와 관심사를 얘기하고, 치료자는 다양한 치료적 접근을 통해 환자의 문제를 해결하도록 돕는다.

심리치료는 과연 얼마나 효과적인가? 물론 그 답은 어떤 내담자_{환자}를 어떤 치료자가 어떤 치료방법을 통해 치료했는가에 달려 있다. 다시 말해 일반화시켜서 말할 수 없는 질문이라는 것이다. 그러나 현재까지의 연구결과들은 심리치료가 대부분의 부적응 문제와 심리적 고통, 정신장애에 이르기까지 효과적임을 입증하고 있다. 그렇다면 정신분열증에도 효과적일까?

앞서 언급한 대로 최근까지도 많은 전문가는 정신분열증, 양극성 장애_{조울증}, 망상장애 등 정신병적 정신장애에는 심리치료가 그리 효과적이지 못하다고 여겨왔다. 그보다는 약물이 최상의 선택이라고 보았다. 정신분열증 환자를 비롯한 정신증 환자가 망상과 환각 등의 증상이 심하고, 현실감각이 없으며, 횡설수설하는 등 안정적인 의사소통이 힘들기 때문에 대화를 전제로 한 심리치료가 힘든 것은 분명하다. 따라서 중

상이 심한 환자에게는 항정신병제를 일차적으로 투여함으로써 증상을 완화시키고 대화가 가능한 수준까지 호전시킨 후에 심리치료를 하거나 또는 약물치료와 심리치료를 병행하는 것이 효과적이다.

그런데 정신분열증의 경과와 예후에 영향을 주는 중요한 요인인 의사소통능력, 사회기술, 스트레스 대처 능력, 가족관계 및 가족의 환자에 대한 태도 등은 약물로는 변화되기 어려운 측면들이다. 정신분열증을 잘 극복한 많은 환자는, 자기의 이상 체험이 정신분열증의 증상이라는 것을 받아들이고 치료를 받으면 회복되어 정상적인 생활에 적응할 수 있다는 믿음을 갖게 된 것, 그리고 자기의 행동을 통제할 수 있다는 믿음으로 인간관계 기술을 비롯하여 생활을 위한 적응교육을 받은 것이 정신분열증에서 회복되어 생활할 수 있게 된 주요 요인이라고 말한다. 이러한 부분이 바로 심리교육과 심리치료의 효과다.

심리치료에는 정신분석뿐 아니라 분석심리학, 개인심리학, 실존치료, 의미치료부터 행동치료, 인간중심치료, 게슈탈트 치료, 현실치료, 인지치료, 최근의 수용전념치료, 마음챙김 기반 인지치료, 삶의 질 치료 등 수많은 이름의 치료가 있으며, 각각 나름대로의 이론과 기법 그리고 치료 효과를 제시하고 있다.

많은 심리치료 접근 중 어떤 접근과 어떤 절차를 사용할지는 전적으로 사례별 특성과 치료자의 전문성에 달려 있다. 즉, 모든 사례에 동일한 심리치료를 일률적으로 적용하는 것은 효과적이지 못하므로 사례 맞춤형 치료가 되어야 한다. 또한 증상이 심각한 경우 심리치료 과정을 이해하지 못할 수 있고, 무의식적 동기와 역할 기능을 노출시키는 집중적 심리치료는 양성 증상을 악화시킬 수도 있다(Tsuang et al., 2011). 따라서 정신분열증에 대한 심리치료는 매우 세밀한 전문성을 요하는 작업이다.

이 책에서는 현재 심리치료 분야에서 가장 각광받는 접근인 인지행동치료와, 정신분열증의 경과에 상당한 영향을 주는 가족관계를 고려한 가족치료를 중심으로 설명하고자 한다.

1) 인지행동치료

인지행동치료는 학습심리학, 인지심리학 등 심리학의 핵심 기초 분야에서 밝혀진 과학적 원리에 기초해서 환자의 행동과 사고, 특히 사회 상황을 다루는 능력을 증진시키고 문제행동 및 사고를 감소시키는 절차다. 현재 심리치료 분야에서 가장 효과적인 방법으로 인정받고 있으며 정신분열증, 우울증 등 장애별 치료는 물론 망상, 환각, 사회기술 등 정신장애와 관련된 구체적인 증상이나 영역별 치료방법이 소개되고 있다. 인지행동치료는 양성 및 음성 증상에 효과적이고, 처방 및 의학적 충고에 더 잘 따르게 하며, 통찰병식이 증가하고, 공격성이 감소하며, 양성 및 음성 증상을 스스로 관리하는 능력도 향상시킨다(Tsuang et al., 2011).

인지행동치료를 시행하는 데 있어서 주의할 점은, 치료는 항상 일상생활과 관련된 행동 또는 인지 반응을 훈련하는 데 초점을 두어야 한다는 것이다. 그 이유는 환자가 일상생활에서 바람직한 행동을 하게 됨으로써 주변 사람들로부터도 더 인정받게 되고 환자 스스로도 자신감을 가질 수 있기 때문이다. 그리고 이러한 치료 과정은 치료실에서의 훈련만으로 그쳐서는 안 되고 실생활로 확장되어야 한다. 실생활로 확장하는 초기에는 여러 가지 위험 방지와 치료 효과 증대를 위해 치료자의 동행이 필요하다. 그리고 실생활에서 효과를 지속하기 위해서는 환자의 주변 사람들가족, 친지 등도 반드시 훈련을 받아야 한다. 이러한 전제하에, 가장 널리 쓰이는 인지행동치료기법들을 간략히 소개하였다.

(1) 토큰강화

토큰강화token economy 기법은 행동주의, 특히 스키너B. F. Skinner의 조작적 조건형성 원리에 기초한다. 스키너는 특정한 행동 뒤에 주어지는 보상과 강화를 통해 새로운 행동을 학습하고 지속하는 데 관심을 기울였다.

토큰강화체계는 정신건강의학과 병원이나 사회복귀시설 등 시설에 수용된 정신분열증 환자를 위한 행동수정 프로그램으로 많이 적용되고 있다. 환자가 치료적으로 바람직한 행동을 하면 즉시 강화물을 제공함으로써 그 행동을 습득시키는 것이다. 토큰강화체계를 통해 주로 위생 관리, 외모 관리 등을 포함한 자기관리행동, 직무나 과제 수행 행동, 인사하기, 대화하기 같은 사회기술 등을 습득시키고, 문제행동은 강화를 제거함으로써 통제하거나 새로운 대안적 행동으로 대체하도록 유도한다. 이 프로그램은 특히 어린이나 지적 수준이 낮은 사람, 만성 정신분열증 환자에게 효과가 있다.

토큰강화체계는 강화 받는 행동이 구체적으로 어떤 행동이고, 강화물로는 어떤 것을 제공할지에 대해 철저히 계획된 상태에서 시행되며, 행동 발생 즉시 강화물을 제공한다. 예컨대 아침에 세수나 양치질을 하지 않는 환자가 있다면, 그 환자에게 아침에 일어나서 얼굴을 씻고 이를 닦으면 강화물을 주기로 약속한다. 이때 강화물로는 환자가 좋아하는 것으로 교환할 수 있는 토큰을 일정량 주는 것으로 약속할 수 있다. 환자는 바람직한 행동이 경우에는 세수하고 이 닦는 행동을 하면 약속한 토큰을 받게 되고, 토큰이 일정량 모이면 그것으로 자기가 원하는 물건이나 외출권 등으로 교환할 수 있게 된다.

강화물은 각 환자에게 강화물로서 가치가 있는 것이어야 한다. 그리고 행동과 강화 간의 연관성연합을 높이기 위해서는 행동발생 즉시 강화를 주어야 한다. 강화물은 처음에는 사탕, 장난감, 담배, 외출 등 현물에서 시작하여 차츰 칭찬이나 관심 등 사회적인 것으로 전환시키는 것이 효과적이다. 이는 행동 변화 자체보다는 상품을 받기 위해 일시적으로 변화하는 것을 막고, 새롭게 학습된 행동이 치료실 밖의 일상생활로 일반화 되도록 하기 위해서다. 다시 말해, 일상생활에서 쉽게 받을 수 있는 강화로 옮겨가는 것이다. 그리고 가족이나 친지 등 실생 활 속의 인물들을 훈련시켜 치료적 역할을 하도록 하는 것이 퇴원 후의 효과 지속을 위해 도움이 된다. 이러한 조작적 조건 형성 방식은 퇴원 후 생활습관을 규칙화하는 데에도 적용할 수 있다.

(2) 사회기술 훈련

정신분열증 환자는 대부분이 사람과 눈을 마주치고, 말을 걸고 대화하며, 몸짓이나 표정으로 의사소통하는 등의 사회 기술이 부족하다. 따라서 그들은 대인관계에서 즐거움이나 보람을 얻지 못하고 사람 만나는 것을 회피하게 된다. 이러한 사회적 상황에 대한 불안이나 회피는 치료적 관계에까지 확장되어 치료관계조차 회피하게 만든다. 그들은 사람과 상호작용하지 않음으로써 불안한 사회적 상황을 회피하지만, 그에 따라 정작 정상적이고 현실적인 대인관계 경험은 결핍되고, 결국 비현실적인 망상을 강화시키면서 더욱더 현실에서 멀어지게 만든다.

정신분열증 환자가 대인관계에 필요한 사회적 기술을 연습하고, 대인관계에서 즐거움을 경험할 수 있도록 하는 일은 치료의 핵심이다. 그럼에도 그동안 많은 치료자가 만성 정신분열증 환자의 사회기술 훈련이 불가능하다고 여겨 도외시해왔기 때문에, 사회기술 훈련은 임상심리학자들에 의해 상대적으로 뒤늦게 시도되었다. 현재까지의 연구결과는 사회기술 훈련이 만성 정신분열증 환자의 대화기술과 그 밖의 사회기술 증진에 효과가 있음을 보여주었다.

사회기술 훈련은 주로 집단으로 이루어지며, 환자가 사회적 상황에서 언어적 · 비언어적 행동을 효율적으로 사용하도록 가르치는 것이다. 치료의 최종 목적은 사회적 장면에서의 불안이나 공포, 피해망상 등을 극복하도록 돕고 타인과의 상호작용을 증진시키는 데 있다.

훈련은 눈 마주치기, 미소 짓기, 억양 조절, 표정 등 세부적이고 단순한 행동에서 시작하여 단계적으로 독립심 확립, 감사의 마음 표현하기, 적대감 표현하기 등 보다 인지적이고 복

잡한 측면에 이르도록 진행한다. 또한 훈련은 통상 강의, 시범
및 따라 하기, 역할 연습, 역할 연습한 결과의 장단점을 알려
주기, 과제 및 숙제 부여, 실생활에서 훈련 효과가 발휘될 수
있도록 적용하는 순서로 이루어진다.

(3) 행동적 자기지시

사회기술 훈련 이외에 정신분열증 환자가 일상생활에서 흔
히 부딪치는 과제와 문제들을 해결하는 능력이 부족하다는 점
에 초점을 두고 인지과학cognitive science의 정보처리 이론
information processing theory에 근거한 훈련을 시도하고 있는데, 사
회학습 접근과 자기 스스로 자신에게 지시하는 형태의 훈련인
자기지시법이 주로 사용된다.

행동적 자기지시behavioral self-instruction란 자신에게 어떤 지시
를 내려놓고 그것에 따르려고 노력하며, 자신이 그 지시에 잘
따르고 있는지 스스로 감찰함으로써 행동의 변화를 가져오는
방법이다. 예를 들어, "나는 다른 사람들의 이야기를 끝까지
잘 들어야 한다" "나는 말을 천천히 해야 하며, 내가 무슨 이
야기를 하는지 잘 관찰해야 한다" 등의 행동강령을 정해놓고
그에 따르는 것이다. 이런 훈련을 하는 이유는 정신분열증 환
자의 경우 추상적인 지시에는 잘 따르지 못하지만 구체적인
행동에 대한 명확한 자기지시는 따를 수 있기 때문이다.

이 훈련의 기본 요소는 문제 확인, 치료 목표의 구체화 및 명료화, 환자가 현재까지 사용해온 문제해결 기술이 아닌 새롭고 효과적인 문제해결 방법의 창출, 새로 고안한 방법들의 상대적 장단점 비교, 그중 한 가지 방법의 선발, 실행, 성공도 평가 및 다른 대안 가능성 모색 등으로 구성된다.

(4) 망상과 환각의 수정

최근의 인지행동치료는 진단기준을 근거로 장애에 대한 일반적인 치료를 적용하기보다는 구체적 증상을 중심으로 이루어지고 있다. 그중 가장 주목받고 있는 것이 정신분열증의 대표적인 양성 증상인 망상과 환각이다.

최근까지 망상과 환각은 심리치료로는 수정이나 제거가 불가능하며 오직 항정신병제 약물로만 제거할 수 있다고 믿었다. 그러나 1990년대 영국을 중심으로 한 일군의 임상심리학자들이 인지행동적 기법을 통해 망상과 환각을 수정할 수 있음을 보여주었다. 이러한 두 입장이 존재하게 된 이유 중 하나는 망상에 대한 개념의 차이에서 비롯되었다. 앞서 살펴본 대로, 상당수의 정신병리학자들은 망상이 수정 불가능한 병적 현상이며, 정상적 사고 과정과는 질적으로 다른 이해 불가능한 현상이라고 생각했다. 따라서 망상은 심리적인 방법으로는 치료가 불가능하고 약물로만 치료가 가능하다고 생각했다.

반면, 상당수의 임상심리학자들은 망상이 정상적 사고 과정의 연속선상에 있으며, 외부 사건에 대한 가능한 해석 중 하나라고 본다. 따라서 정상적 사고 과정과 질적으로 다르지 않고, 정상 사고에 관련된 인지적 과정이 망상을 설명할 수 있으며, 이해 가능하고 수정 가능한 현상이라고 보았다. 환각의 경우도 환각 경험 자체보다는 환각에 대한 개인의 해석 및 신념을 수정하는 데 초점을 둔 인지행동치료가 활발히 시도되었다. 망상 수정에 인지행동치료를 적용한 초기 핵심 기법으로는 신념수정과 직면하기 등이 있다.

① 신념수정

망상 수정에 사용되는 기법 중 가장 널리 사용되는 인지행동기법이 신념수정belief modification이다. 신념수정은 망상에 대한 증거를 가지고 그 신빙성을 환자와 토론하고, 환자에게 망상과 반대되는 신념을 소리 내어 말하도록 하는 절차다. 신념수정기법에서는 환자가 가지고 있는 망상적 사고 중 확신 정도가 가장 약한 것으로부터 시작해서 가장 강한 것까지 단계적으로 수정을 시도한다.

② 직면하기

신념수정과 반대로, 환자의 가장 강한 망상부터 시작해서 치료자가 '확고하고 일관되게 그러나 예의바르게' 환자를 직면시키는 방법이 있는데, 이를 직면confrontation이라고 한다. 연구자들에 따르면 이 두 기법의 효과는 비슷하다. 그러나 직면기법의 경우 전문적인 훈련을 받지 않은 사람이 섣불리 시도했다가는 환자와 치료자 모두에게 역효과를 가져올 수 있으므로 주의해야 한다.

③ 현실검증 및 사고중단

망상을 수정하기 위해 환자가 직접 자신의 망상 내용을 경험적으로 확인해보도록 함으로써 비현실성을 깨닫도록 유도하는 현실검증reality testing기법을 신념수정기법과 결합해서 사용하기도 하는데, 이 방법 역시 효과적인 것으로 밝혀졌다. 이외에도 망상적 사고가 떠오를 때 "중지"라고 크게 외침으로써 망상적 사고를 중단시키는 사고중단thought stopping 기법과 망상적 언어를 수정하기 위해 행동수정기법을 적용하는 절차 등이 사용되고 있다.

(5) 인지행동치료의 최근 동향

정신분열증을 비롯한 정신증에 인지행동치료를 적용한 역사를 보면, 초기에는 주로 학습 이론을 적용하다가, 1970년대 우울증, 불안 등 정서장애에 인지행동치료를 적용해 효과를

보면서 점차 정신증에도 인지행동치료를 적용하기 시작하였
다. 대표적 접근이 인지적 ABC 모형을 적용해 환청, 망상, 편
집증을 치료한 Chadwick, Birchwood와 Trower(1996)였
다. 이후 2000년대 초반 정신분열증의 양성 증상에 대해 영향
력 있는 두 인지행동치료 모형(Garety et al., 2001; Morrison,
2001)이 제안되었다. 두 모형 모두 부정적 핵심 신념, 위협에
대한 과도한 경계, 확증 편향, 안전행동을 강조하였고, 정신
증과 관련된 광범위한 심리과정을 통합했다는 점과 정신증의
이질성을 포괄할 정도의 유연성을 가진 점에서 강점이 있다
(Steel & Smith, 2013).

최근에는 전통적인 인지치료에서 초점을 두었던 인지내용
및 빈도 변화보다는 개인의 역사적 · 상황적 맥락을 강조하고,
체험의 맥락을 변화시킴으로써 행동의 유연성을 증가시키기
위해 수용 및 마음챙김 절차를 도입한 맥락적 인지행동치료
contextual CBT가 주류를 형성하고 있다. 대표적인 치료적 접근
이 수용전념치료Acceptance and commitment therapy: ACT(Hayes,
Strosahl, & Wilson, 1999), 마음챙김 기반 인지치료Mindfulness-
based cognitive therapy: MBCT(Segal, Williams, & Teasdale, 2002),
메타인지치료Metacognitive therapy: MCT(Wells, 2000), 인간 기반
인지치료Person-based cognitive therapy: PBCT(Chadwick, 2006)다.

이 접근들을 활용한 정신증에 대한 심리치료가 최근 들어

점점 더 활발해지고 있는데, 망상과 환각은 물론 심리적 고통 수준 감소, 분노와 공격성 및 폭력성에 대한 개입, 재발 방지 및 사회기술 훈련, 정신증 고위험 개인을 위한 치료, 입원 환자의 급성기 치료 등 다양한 영역에서 특화된 치료법들이 소개되고 있다. 여기서는 이 중 세 가지 치료적 접근을 좀 더 상세히 소개하도록 하겠다.

① 인간 기반 인지치료

Chadwick(2006)이 소개한 인간 기반 인지치료는 전통적인 인지치료와 마음챙김 절차, 그리고 Rogers의 인간중심 상담이 결합된 치료적 접근으로 증후군syndromes에 초점을 두던 초기의 심리치료에서 증상symptoms으로의 이동을 넘어, 인간person으로의 이동을 제안한다. 왜냐하면 각각의 증상에도 여러 경로가 존재하고, 증상 자체보다는 개인의 고통에 집중하는 것이 적절하며, 개인의 긍정적 강점을 문제 못지않게 강조하기 위해서다. Chadwick(2006)은 이러한 전제하에 정신분열증을 비롯한 고통스러운 정신증 치료를 위한 효과적인 접근을 제안하고 효과를 보여주었다.

PBCT의 기본 특징을 요약하면 다음과 같다.

• 증후군에서 증상으로, 다시 인간으로 치료의 초점을 이

동시켰다.

- 불연속성discontinuity, 즉 정상과 이상의 질적 구분이 아닌 연속성continuity을 가정한다. 즉, 망상과 환청도 정상적 행동의 연속선상에 있다고 가정한다.

- 치료의 주 대상은 증상이 아닌 내담자의 고통distress이다.

- 내담자는 사건이 아닌 사건에 대해 가지는 의미인지에 의해 고통받는다는 인지매개모형에 근거한다.

- 망상, 도식schemata, 고통distress의 연결을 강조한다.

- 구성주의constructivism에 근거한다. 즉, 우리 각자는 자신의 지각, 인지를 통해 세상을 독특하게 구성하고 해석한다고 전제한다.

- 치료적 관계를 중시한다.

- 기법 중심 매뉴얼이 아닌 개념적 과정을 강조한다. 고통의 원인을 증상에 대해 가지는 의미, 내적 경험과의 관계, 도식, 상징적 자기symbolic self로 가정하고 이 각각을 완화하려 시도하며 각 영역별 강점strength을 수립한다.

- 마음챙김을 활용한다. 고통의 근원과 의미를 파악하고 고통 감소와 웰빙 증진을 위해 마음챙김 절차를 활용한다.

- 자기self를 강조한다. 특히 과정으로서의 자기를 강조하고, 자기도식self-schemata에 치료의 초점을 두어 궁극적으로 자기수용self-acceptance을 이끌어내는 것이 핵심 목표다.

- 메타인지metacognition를 강조한다. 인지에 대한 탈중심화
된 인식decentred awareness과 메타인지적 통찰을 강조한다.

② 수용전념치료 및 마음챙김 기반 인지치료

제3세대 인지행동치료로 불리는 수용전념치료ACT를 정신
분열증을 비롯한 정신병적 장애 및 증상 치료에 적용하려는
움직임도 최근 아주 활발하다. 대표적 접근을 몇 가지 소개하
면 다음과 같다.

Hepworth, Startup과 Freeman(2013)은 ACT와 인지행동
치료를 결합해 피해망상을 치료하는 정서처리 및 메타인지적
인식Emotional processing and metacognitive awareness: EPMA 치료법을
소개하였다. 치료는 정서적 억제emotional inhibition를 다루는 단
계, 메타인지적 인식단계, 수용단계로 구분할 수 있는데, 정
서적 억제 단계에서는 피해망상에 따른 고통사고, 심상, 감각을 포함
을 상세히 언어화하여 표현하도록 장려하고, 이때 평가하기
보다는 체험하도록 유도해 정서경험에 대한 접근도를 향상시
킨다. 또한 게슈탈트 치료 기법을 활용해 사고에서 거리두기
를 연습한다. 메타인지적 인식 단계에서는 피해망상이 사실
fact이 아닌 단순한 생각임을 인식시키고, 사고, 감정, 감각,
심상, 기억을 명명하고 적음으로써 탈중심화 조망을 가지도
록 유도한다. 수용 단계에서는 비판단적으로 알아차리기를

집중적으로 연습한다. 이들은 이러한 과정을 거쳐 피해망상을 효과적으로 치료하였다.

Montes, Álvarez와 Garcelán(2013)은 수용 및 전념 치료를 활용해 망상 수정을 시도했다. 이들은 망상을 적극적 형태의 체험회피experiential avoidance로 개념화한 후 창조적 절망감, 가치 명료화 및 강화, 통제감 강화, 언어로부터 거리두기, 초월적 자기감transcendential sense of self, 자발성willingness 개발 등의 절차를 통해 망상 수정을 시도했고, 성공적 사례를 보고하였다. 또한 Thomas, Morris, Shawyer와 Farhall(2013)은 환청과 싸우지 않고 놓아 보내기, 인지적 탈융합, 자발성과 가치 전념 등 ACT의 기본 절차를 적용해 환청을 치료하는 접근을 소개하였다.

앞으로 맥락적 인지행동치료를 적용한 심리치료 접근은 정신분열증의 핵심 증상은 물론 다양한 정신병적 증상과 행동에 더욱 확대될 것으로 전망된다.

2) 가족치료

가족관계는 정신분열증의 직접적 원인은 아니지만 정신분열증의 회복과 재발 방지에 결정적인 영향을 주는 환경 요인이다. 따라서 정신분열증을 치료할 때는 가족치료 또는 최소

한의 가족교육이 필요하다. 정신분열증 환자의 가족치료에서
는 교육, 의사소통 훈련, 문제해결 훈련을 실시한다.

(1) 교육

가족 교육의 주요 측면 중 하나는 가족이 환자가 발병한 것
에 대해 자신을 탓하거나 죄책감을 갖지 않도록 교육하는 것
이다. 1960년대까지는 정신분열증을 가정환경이 잘못되어 발
병하는 것으로 보는 학자도 있었다. 그러나 근래에는 이 장애
가 뇌 기능의 장애이며 가정환경과는 직접적인 관련이 없는
것으로 밝혀지고 있다. 가족이 정신분열증 환자에 대해서 죄
책감을 갖게 되면 가정 분위기가 환자의 치료에 부정적으로
작용할 수 있으므로, 이 장애를 뇌 기능의 장애로 받아들이도
록 교육하여야 한다.

정신분열증 환자는 증상이 두드러지게 나타나면 자신의 증
상을 통제할 수 없다. 이런 점을 가족에게 인식시켜서 정신분
열증 환자의 행동에 화를 내거나 무시하지 않고 그를 이해하
고 돕도록 교육시키는 것이 필요하다. 때로는 성격이나 행동
이 괴팍해지는 것으로 보고 환자를 야단치고 바로잡으려고 강
압할 수 있는데, 이런 행동은 오히려 정신증 치료에 역행하는
행동이다. 그리고 정신분열증에 대해 정확한 정보를 전달하
고, 가족과 환자 모두 약물을 임의로 중단 또는 남용하지 않도

록 교육시켜야 한다. 이러한 교육과 관련해 근래 정신분열증 환자 가족협회에서도 안내 책자들이 나오고 있다.

(2) 의사소통 훈련

환자의 가족에게 환자와 의사소통하는 기술도 교육할 수 있다. 의사소통 훈련이란, 가족이 환자에게 지나친 기대를 하지 않도록 하고 또 그것을 표현하지 않도록 대화방법을 훈련시키는 것을 말한다. 특히 학창시절 공부를 잘했거나 어린 시절 영리하다고 여겨졌던 환자에 대해서는 가족이 지나친 기대를 하거나 과욕을 부리기 쉽다. 환자는 증상이 완화되었다고 하더라도 자신의 잠재력을 발휘하기까지는 많은 노력이 필요하고, 경우에 따라서는 이전의 능력을 발휘하기 어려울 수도 있으므로 조급한 기대를 갖는 것은 금물이다.

이와 더불어 환자에게 부정적인 감정이나 양가감정을 함부로 표현하거나 욕설이나 비난을 하지 않도록 교육시켜야 한다. 이런 표현이 경과나 재발에 악영향을 주기 때문이다. 그렇다고 환자에 대한 감정 표현을 무조건 줄여서는 안 되고, 상처가 되지 않는 방식으로 표현하도록 훈련시킨다.

(3) 문제해결 훈련

문제해결 훈련이란, 환자에게 영향을 줄지도 모르는 가족의 스트레스를 확인해서 그것에 효과적으로 대처하도록 도와주는 것이다. 이 과정에서 가족은 각자의 스트레스를 얘기하고 그것이 환자에게 미치는 영향을 고려하면서 대처 방안을 토론하고 수정한다. 또한 가족 전체의 공통적 스트레스에 대해서도 그 본질을 파악하고 효과적으로 대처하도록 훈련받는다.

이러한 요소들은 이론적 입장에 상관없이 정신분열증 환자에 대한 가족치료 또는 가족교육에서 다루어져야 하는 요소들이다. 최근 가족치료에 대한 관심의 증가와 함께 이 분야도 비약적으로 발전하고 있다. ◆

5. 가족과 사회의 역할

　가족 중 누군가가 정신분열증이라면, 또는 친구나 친지가 정신분열증이라면, 또는 우연히 정신분열증 환자와 대면하게 되었다면 우리는 그를 어떻게 대해야 할까? 대다수의 사람이 정신분열증 환자를 대할 때 당황하고 두려움을 느낀다. 그러나 우리가 만약 당황하고 두려워하게 되면, 그런 우리의 반응은 상대를 더욱 혼란스럽게 하여 환자 자신에게나 타인에게 해가 되는 행동으로 이어질 수 있다. 따라서 정신분열증 환자를 대할 때 지켜야 할 사항을 알아두는 것이 좋다.

　환자를 대하는 경우도 2가지로 나누어볼 수 있다. 첫째는 환자가 입원치료를 받고 상태가 많이 좋아져서 퇴원한 후 가족과 같이 생활할 때 대하는 방식이고, 둘째는 환자의 증상이 갑자기 악화되어 자기 자신이나 남을 해칠 가능성이 있는 위급한 상황일 때 대하는 방식이다. 입원치료를 받은 후 약물치료가 잘 이루어져서 증상이 많이 좋아지고, 자기의 비현실적인 경험을 이해할 수 있게 되며, 이상한 행동도 보이지 않게 되면 퇴원하여 가족과 함께 생활하는 것이 바람직하다.

그러나 이렇게 퇴원하여 생활할 때에도 여러 가지 문제를 일으킬 수 있다. 이들은 사회기술이 부족하고, 현실적 · 합리적 · 논리적 사고 능력이 부족해 대화에 어려움을 겪을 수 있다. 그러므로 사회생활 기술과 위급 상황에서 필요한 대처 기술을 익힐 필요가 있다. 이를 자세히 살펴보자.

1) 사회생활 기술 증진시키기

(1) 효과적으로 대화하기

정신분열증 환자는 대화의 주제를 잘 따라가지 못하거나 요점을 잘 이해하지 못하는 경우가 있으므로 반드시 대화의 주제를 분명히 해야 한다. 이는 환자와 이야기할 때 추상적이거나 비유적으로 이야기하면 혼란을 일으킬 수 있기 때문이다. 그리고 환자의 말을 경청하여야 한다. 눈을 마주치면서 주의를 기울여 들어야 상대도 말을 더할 수 있게 된다. 대답은 직접적이고 구체적으로 하되 한 번에 한 가지씩 단순하게 대화를 해야 한다. 그리고 천천히 분명하게 말해야 한다.

환자에게 감정 표현을 할 경우 반드시 일인칭을 사용하여 분명하게 의사를 전달해야 한다. 예컨대 "네가 약을 먹으니까 내 마음이 놓여" "네가 약을 먹지 않으면 내 마음이 불안해져" "네가 저녁 늦게 들어오니까 내가 여간 걱정이 되지 않아" 등 일인칭을 사용하여 의사를 간단명료하게 전달해야 한다. 기분이 언짢을 경우라도 언성을 높이거나 급하게 말하지 말고 담담하게 표현하여야 한다. 또한 서두르지 말고 그들이 어떻게 우리의 말을 받아들였는지 확인한 후 다음 말을 해야 하며, 환자의 말을 잘 알아듣지 못했을 경우에는 무슨 말인지 다시 되물어서 분명한 의사소통을 해야 한다.

(2) 생활을 구조화하기

정신분열증 환자는 일정한 틀에 의해 생활할 때 자신도 보다 편안해지고 주변 사람들도 그들의 행동을 예측할 수 있다. 환자가 사회생활의 규범을 잘 이해하지 못한 경우에는 생활계획표나 일일활동표, 생활규칙 같은 것을 준비해서 생활이 구조화되고 계획적으로 이루어지도록 도와주는 것이 바람직하다. 예를 들면 식사시간, 운동시간, 산책시간, 일하는 시간 등을 정해놓는다. 특히 어떤 일이나 과제를 부여할 때는 쉽게 성취할 수 있는 일을 정해진 시간에 하도록 계획하는 것이 좋다. 이는 성취감과 자율성 증진에 도움이 된다.

이때 반드시 염두에 두어야 할 것은, 그들은 수시로 장애나 증상을 나타낼 수 있기 때문에 항상 정해진 계획표대로 진행할 수는 없다는 점이다. 따라서 과제를 작은 단위로 쪼개서 더 쉽게 만들거나, 틈날 때마다 용기를 북돋아주고 그들의 어려움을 이해해주어야 한다. 그리고 지시나 안내를 할 때는 한 번에 하나씩만 해야 된다. 하지만 치료의 궁극적인 목표는 그들이 일정한 틀에 얽매이지 않고 융통성 있게 적응력을 발휘하면서 살아가는 것임을 잊어서는 안 된다.

정신분열증 환자와 함께 생활할 경우에는 가정에서의 생활규칙도 구체적으로 세워야 한다. 예컨대 '여러 사람이 있는 데서는 옷을 벗은 채로 다니면 안 된다' '다른 사람에게 폭력을 쓰거나 기물을 부수지 않는다' '적어도 일주일에 한 번 이상 규칙적으로 목욕을 해야 한다' 등 기본적인 생활규칙을 세우고, 환자뿐 아니라 모든 가족원이 이런 규칙을 지키도록 하여야 한다. 특히 환자에게는 치료 약물을 제때 복용하도록 하는 것을 기본 규칙으로 정해야 한다.

규칙은 생활영역별로 정하는 것이 좋다. 식사에 대한 규칙, 시장 보는 규칙, 세탁에 대한 규칙, 집안 청소에 대한 규칙 등을 구체적으로 세워야 한다. 그리고 정신분열증 환자가 흔히 보일 수 있는 잘못된 생활습관에 대한 규칙도 마련하여야 한다. 잠을 많이 자는 경우 잠자리에 누울 수 있는 시간대를 정하기, TV를 너무 많이 보는 경우 시청시간대를 정하기, 큰 소

리로 말하거나 욕을 잘할 경우 작은 소리로 말하고 욕을 하지
않기 등의 규칙을 세운다.

규칙에는 규칙을 잘 지켰을 경우 보상하는 것과 규칙을 어
겼을 경우 벌을 주는 것이 함께 규정되어야 한다. 예를 들면,
보상으로는 가족이 동반한 특별한 외출, 즉 영화 관람이나 공
원 산책, 외식이나 백화점 쇼핑 등을 들 수 있다. 반대로 중요
한 규칙을 어기거나 벌 받을 일을 했을 경우에는 반드시 벌을
주어야 규칙을 지키게 하는 데 효과가 있다. 벌은 대체로 보상
을 철회하는 것이나 일상생활에서 환자가 좋아하는 허용된 행
동을 제한하는 것으로 정할 수 있다. 예컨대 담배를 좋아하고
하루에 10개비씩 허용되었다면 벌로 담배 수를 줄이거나, TV
보는 것을 좋아할 경우 시청시간을 단축하는 것을 벌로 정할
수 있을 것이다.

(3) 위급한 상황에서도 평온과 신뢰를 유지하기

정신분열증의 증상이 악화되거나 환자의 상태가 좋지 않을
때는 환자를 대할 때 특히 조심해야 한다. 친절하고 수용적인
태도를 취해야 하며, 충분히 그들의 이야기를 들어주어야 한
다. 또한 그들을 격려하고 존중해주며 어떤 일이든 그들과 함
께할 자세를 취해야 한다.

환자를 비난하거나 생색을 내거나 건방진 태도를 보이거

나, 환자가 불편해할 수 있는 상황에 밀어 넣어서는 안 된다. 또한 울적하거나 암담해하는 표정이나 태도를 취하면 안 되며, 그들과 논쟁하거나 그들이 있는 데서 다른 사람과 논쟁하지 말아야 한다. 가르치려 들거나, 지나치게 길게 얘기하거나, 힘든 상황에 그들을 끌어들이는 것도 피해야 한다. 가족이 먼저 이러한 태도를 보이면 환자도 이런 대응 행동을 배울 수 있다.

그럼에도 환자가 어떤 위급한 상태를 나타내거나 어떤 위험행동을 할 가능성이 있다면, 여러분은 급성 정신분열중 환자와는 논리적이고 합리적인 대화를 할 수 없다는 점을 명심하여야 한다. 그리고 환자 자신도 자제력을 상실하지 않을까 하는 두려움을 가질 수 있다는 점을 인식해야 한다.

이런 상황에 직면하게 될 경우에는 조급해하거나 성내지 않아야 되고, 목소리를 낮추며, 빈정대거나 비꼬는 태도를 취하면 안 된다. 그리고 환자의 주의가 산만해지지 않도록 TV나 라디오 등 소리가 나는 것은 꺼야 한다. 여러 사람이 북적대지 않도록 가까운 가족 이외의 방문객이나 주변 사람들은 비켜 있도록 하는 것이 좋다. 이런 상황에서 환자와 진지한 대화를 한다고 한참 동안 눈을 맞추거나 관심의 표현으로 몸을 만지는 행동은 피해야 한다. 자신이 먼저 앉은 후 환자에게도 앉으라고 권해서 진정시키도록 한다.

2) 재발과 위험행동 대처하기

정신분열증 환자는 여러 가지 위험에 노출될 수 있다. 호전된 후 퇴원하여 가정에서 생활하는 환자의 경우 언제든지 재발할 가능성이 있다. 만일 환자의 증상이 재발하는 경우 이 과정에서 환자를 대하기가 무척 힘들 때가 생긴다. 또한 환자가 약물을 남용하거나 다른 사람이나 자신을 해치려 하는 경우도 환자를 대하기가 무척 어려운 상황이라고 할 수 있다. 이러한 위기 상황에서 가족이 환자를 어떻게 대하는 것이 좋은지 살펴보자.

(1) 재발의 위기가 예견될 경우

일반적으로 정신증을 보였던 환자가 가정에서 생활하면서 재발할 경우에는 환자가 보이는 행동에서 변화를 감지할 수 있다. 예컨대 보통 때보다 긴장이 심해지거나, 초조해하고 안절부절못하면 재발할 수 있으므로 경계해야 한다. 뿐만 아니라 다른 가족과 어울리지 않고 혼자 있으려 하거나, 외출을 거부하거나, 주의집중을 전혀 못하거나, 잠을 너무 많이 자거나 혹은 전혀 자지 못하고, 우울해하거나 하는 경우를 재발의 신호로 볼 수 있다.

일반적으로 치료 약물을 제대로 복용하지 않는 것이 재발의 가장 큰 요인이다. 스트레스를 심하게 받은 경우에도 재발할 수 있다. 예컨대 자존감이 심하게 손상되었거나 주요한 지지자와 헤어진다든가 심한 갈등을 빚는 것도 심한 스트레스가 된다. 또한 직장에서 과중한 업무나 책임을 맡는 것이 스트레스로 작용할 수 있다. 가족은 이러한 문제들을 검토하고, 약 복용을 중단했다면 약물을 중단한 시점을 파악하여야 하며, 환자의 담당 치료자에게 연락하여 대책을 강구하여야 한다. 그리고 스트레스가 많았을 경우에는 가족이 환자가 스트레스에 대처할 수 있도록 지지하면서 스트레스를 경감하도록 도움을 주어야 한다. 이런 대책에도 불구하고 환자의 상태가 호전되지 않는다면 얼마 동안 다시 입원하는 문제를 담당 의사와 상의하는 것이 좋다.

중상이 완화되어 퇴원하는 환자는 흔히 약물치료를 거부하거나 소홀히 한다. 사실 약물을 지속적으로 꾸준히 복용하는 것은 쉽지 않은 일이다. 증상이 호전되면, '나았는데 왜 약을 먹어야 하는가?'라는 생각 때문에, 또는 약물치료 때문에 생기는 부작용과 자신이 정신병을 앓은 것을 부정하고 싶은 마음에서 약물치료에 거부적인 태도를 갖기 쉽다. 그래서 퇴원 후 한두 달은 약을 잘 복용하지만, 그런대로 지낼 수 있게 되면 약 먹는 것에 소홀해진다. 이런 경우를 미리 막기 위해서는 재활교육치료를 지속적으로 받는 것이 좋다. 그리고 증상이 현저하게 호전되면 이에 비례하여 약물치료 용량을 최소한으로 줄여주는 것이 도움이 될 것이다.

재활교육치료를 강조하는 또 다른 이유가 있다. 정신분열증 환자는 사회생활 기술이 부족하기도 하고 사회적 감각이 비현실적일 수 있다. 이런 특성 때문에 가정에서 불필요한 스트레스를 받을 수도 있는 만큼, 재활 집단 상담에서 도움을 주면 재발 없이 사회생활을 잘할 수 있게 된다. 그리고 재활교육을 잘 받은 환자일수록 재활치료자와의 관계가 좋아지면서 환자의 비현실적 경험들이 치료자와의 공동 작업으로 객관화될 수 있게 된다.

(2) 알코올이나 약물을 남용하는 경우

정신분열증에서 회복된 환자 중에서는 알코올이나 마리화나 같은 약물을 남용하는 사람들이 상당수 있다. 알코올 남용이나 약물 남용은 그 자체만도 치료하기 어려운 심리적 장애인데, 정신분열증에서 호전된 사람이 알코올 등을 남용한다면 이는 환자의 사회생활 적응에 걸림돌이 되고, 경우에 따라서는 증상을 악화시켜 병의 재발을 촉발할 수 있다. 뿐만 아니라 알코올 남용으로 일상생활이 흐트러져서 직장에 적응을 못하는 경우도 생긴다.

환자가 알코올이나 약물을 남용하는 것을 가족이 알게 되었다면 알코올 남용에 대해서 환자와 대화를 해야 한다. 이러한 대화가 술을 끊게 하는 데 별 소용이 없었던 경험을 갖고 있다고 하더라도, 지속적으로 알코올 남용의 문제를 환자와 이야기할 수 있어야 한다. 이때 환자의 생활에 대하여 진지한 관심을 표명하고 알코올이나 약물에 몰입할 수밖에 없는 입장을 이해하면서 이 문제를 다루어 나가야 한다. 이런 대화를 통해서 환자가 술을 마시는 것이 사회적 고립을 벗어나려는 것인지, 일시적 쾌감을 얻기 위한 것인지, 정신병 증상과 관련된 고통에서 벗어나려는 방편인지를 알아보아야 한다. 그래야 대책을 함께 강구할 수 있다. 그 대책으로 술에 의존하지 않고 사회적 관계를 유지하는 방식을 같이 찾아볼 수도 있을 것이고, 술 마시는 것 외의 취미생활을 함께 찾아볼 수도 있다. 때로는 가족이 환자의 취미생활에 동참하는 것도 도움이 된다.

무엇보다도 중요한 것은, 술을 마시는 것이 병의 치료 못지않게 생활의 주요 문제라는 것을 인식시키는 일이다. 정신분열증 치료를 받으면서 알코올까지 남용한다면 이중적인 치료활동에 참여하여야 한다. 알코올이나 약물 남용의 경우 정신보건 전문가에게 의뢰할 수도 있지만 알코올 자조집단에 가입해 치료를 받을 수도 있다.

정신분열증 환자가 술이나 약물에 빠져들 가능성은 많다. 스트레스는 그를 술과 약물로 이끌고, 만약 집을 나가 방랑하게 되면 마약 사용자나 약물 중독자와 접촉할 기회가 증가한다. 일반인들도 마찬가지이지만, 정신분열증 환자가 술과 약물을 남용하게 되면 더 심각한 문제가 발생한다. 우선 정신 증상과 건강이 악화되어 사고나 범죄를 일으킬 가능성이 증가하고, 직업을 얻거나 가족에게 돌아갈 가능성이 적어진다. 또 다른 문제는, 정신분열증 환자의 상당수가 술과 마약을 통해 극도의 쾌감을 느끼기 때문에 일반인보다 더 쉽게 중독된다는 점이다.

(3) 폭력행동의 위험이 있을 경우

정신분열증에서 호전된 환자가 간혹 기물을 부수거나 다른 사람에 대해서 또는 자기 자신에 대해서 폭력이나 파괴적 행동을 할 수 있다. 이런 폭력행동은 대부분 증상이 재발되거나 악화되면서 일어나는 경우가 많다.

1장에서 살펴본 대로, 정신장애 환자에 의한 폭력행동은 실제로는 드물지만, 망상이 악화되어 자기가 위급하게 몰려 있다는 피해의식이 심한 경우 방어적 행동으로 폭력을 행사할 수 있으며, 때로는 스스로를 해치는 경우도 있다.

환자의 폭력을 미리 예측할 수 있어야 이에 빨리 대처할 수 있게 된다. 일반적으로는 환자가 약물치료를 거부하거나 제대로 복용하지 않을 경우, 알코올이나 약물 남용이 빈번해질 경우, 그리고 이전에 발병했을 때 폭력행동을 보였던 경우 폭력의 위험성이 크다. 위급함을 감지했을 경우에는 입원 대책을 세울 수도 있다. 폭력행동의 위험이 크지 않을 경우에는 가까운 가족이나 친척의 도움을 받으면서 환자를 진정시키는 것이 좋다. 그리고 파괴행동을 할 가능성이 있는 환자에 대해서는 앞에서 이야기한 대로 평소에 가정규칙을 주지시켜서 규칙을 못 지킬 경우 입원 등의 조치를 할 것임을 미리 합의해두는 것이 필요하다. 그리고 가정에서 폭력행동에 사용할 수 있는 도구들은 특히 유의하여 관리해야 한다.

정신분열증 환자 가운데는 자기 자신을 해치는 경우도 드물지 않다. 정신분열증 환자의 자살률은 일반인보다 훨씬 높다. 자살은 삶을 돌이킬 수 없다는 점에서 환자를 치료하는 과정에서 가장 심각한 문제라고 할 수 있다.

정신병 환자가 자살하는 데에는 대체로 2가지 이유가 있다. 이들은 장기간 약물치료를 받으면서 생활해야 하므로 삶의 의욕을 잃고 절망하기 쉽다. 그래서 자살하는 경우를 볼 수 있다. 이런 경우 우울 증상을 뚜렷하게 보이므로, 옆에서 관심 있게 돌보면 미리 감지할 수 있고 대책을 강구할 수 있다. 또 다른 이유는 병의 증상 때문에 사망하거나 다치는 경우인데, 엄격하게 말하면 이 경우는 자살이나 자해라고 말하기 어렵다. 예컨대 뛰어내리라는 환청을 듣고 그대로 하거나, 차를 타고 가는데 빨리 뛰어내리라는 환청이 들려 달리는 차에서 뛰어내리다가 크게 다쳐서 입원하는 경우 등이다.

　자살하는 환자들 중에는 증상이 호전되거나 퇴원한 후에 자살하는 경우가 드물지 않다. 환자가 자살을 생각한다면 옆에서 돌보는 가족은 이 문제를 드러내놓고 환자와 대화하는 것이 도움이 된다. 그리고 자살 의도가 집요하고 자살의 위험이 있다고 생각되면 치료팀에 연락하여 일시적인 입원 등으로 자살 예방 대책을 신속하게 강구하여야 한다.

3) 정신분열증 환자를 돕기 위한 일반 지침

　앞서 가족의 역할을 소개했지만, 가족이나 친지, 친구 중 정신분열증 환자가 있을 때 그들을 돕기 위해 어떻게 하는 것이 좋을지 요약, 정리하면 다음과 같다(Temes, 2002).

- 정신분열증을 비롯한 정신증적 증상이 의심되면 바로 전문의를 찾아 진단을 받고 치료를 시작한다.
- 환자를 거부하거나 멀리하지 않는다.
- 환자가 보이는 이해하기 힘든 행동을 장애의 증상으로 이해한다.
- 마치 다른 종교적 · 정치적 견해를 가진 사람을 이해하듯

그들의 독특한 생각, 관점, 환각과 망상에 대한 믿음을
이해한다.

- 비난하지 않는다.

- 존중하며 경청한다.

- 게으르다고 비난하지 않는다. 그것은 증상일 뿐이다.

- 의지나 정신력에 문제가 있는 것이 아니라 뇌에 이상이
있는 것이라고 이해한다.

- 필요할 때는 다른 사람의 도움을 구하라고 권한다.

- 환자가 흡연을 원할 때는 일단 허용한 후 적절한 치료 후
끊게 한다. 왜냐하면 흡연이 환자에게는 위안을 주기도
하기 때문이다.

- 전문의를 찾아가라. 비전문적인 방법에 의지하지 않는다.

- 증상이 악화되었다가 완화되는 시기가 반복된다는 사
실을 이해한다. 안정된 것처럼 보인다고 방심해서는 안
된다.

- 정신분열증은 의사, 심리학자, 사회복지사, 재활전문가
등 다양한 전문가들이 팀을 이루어 치료할 때 가장 성공
할 가능성이 높다는 점을 인식한다.

- 좋은 병원, 좋은 치료 팀을 찾아라.

- 입원 절차를 미리 알아본다.

- 위험하거나 응급 상황일 때는 경찰을 불러라. 정신분열

중 환자의 10%는 자살한다.

- 자기 자신을 비난하지 않는다. 환자를 가족, 친지로 둔 것이 내 책임은 아니다.
- 병과 장애를 숨기려 하지 않는다.
- 책, 의사, 지원기관 정보 등을 찾아보고, 스스로를 교육한다.
- 자신이 알게 된 것을 다른 사람에게도 교육한다.
- 재발에 대비하고 재발의 신호를 미리 알아둔다. ◈

6. 사회복귀와 재활

　정신분열증 환자는 일단 병원이나 치료시설에서 치료를 받아 상태가 호전되면 퇴원해서 사회에 복귀하게 된다. 그러나 앞에서도 이미 살펴본 대로, 정신분열증은 다른 신체적 질병과 달라서 일단 치료가 되었다고 해서 곧바로 정상적인 생활이 가능한 것은 아니다. 그들은 사람들을 대하고, 직장에서 일을 하며, 가족과 자연스럽고 편안하게 지내는 기술을 갖고 있지 못하므로, 퇴원하면 새로운 스트레스에 노출될 가능성이 많다. 따라서 정신분열증 환자가 회복되어 퇴원하는 경우 사회복귀와 재활을 위한 충분한 교육과 훈련이 이루어져야 한다.

　이를 위해서는 낮 병원환자가 아침에 병원에 왔다가 저녁에는 집에 돌아가는 형태로 운영되는 병원, 지역사회 정신건강센터, 심리사회 재활 교육센터 등 다양한 사회복귀시설들이 요구되고, 가족과 동료 그리고 지역사회교육 등 광범위한 개입이 필요하다.

앞에서 이미 퇴원 환자에 대한 치료팀의 도움과 가정에서 회복된 환자를 어떻게 지지해주어야 하는지를 살펴보았다. 여기서는 환자가 퇴원하여 사회생활을 하면서 생길 수 있는 그 밖에 다양한 문제들과 해결 방안을 소개한다.

1) 환자가 직업을 갖는 문제

정신분열증에서 회복된 환자가 직면하는 문제 중 하나는 직업을 갖는 일이다. 많은 사람이 정신분열증 환자에게 지나치게 부정적인 기대를 하거나 혹은 능력을 과대평가한다. 과소평가는 주로 직장에서 이루어지고, 과잉기대는 흔히 가족으로부터 나온다. 어떤 경우든 환자에게는 좋지 않다. 따라서 정신분열증 환자는 다양한 증상으로 인해 직업 활동이 어렵다는 점과 그렇지만 그들도 나름의 능력을 가졌다는 점을 동시에 인식하는 것이 중요하며, 각 환자별로 정확한 평가가 선행된 이후에 직업에 대한 결정이 이루어져야 한다.

앞서 살펴본 대로 정신분열증 환자는 창의성이나 상상력 등 일부 능력에서 우수할 수 있다. 우리나라의 경우 고용주들이 정신분열증 병력이 있는 사람을 무조건 거부하는 경향이 있는데, 이러한 시각은 바뀌어야 한다. 그리고 환자 자신도 자신이 불안을 느끼거나 상처를 받을 수 있는 직업은 피하고, 자신의 미래를 위해 합리적인 선택을 하도록 배워야 한다.

정신분열증에서 회복된 후에는 예전처럼 능력을 발휘하거나 일에 몰두하기는 어렵다는 것을 이해하면서 직장을 구해야 직장생활에서 스트레스도 덜 받게 되고 지속적으로 일할 수 있다. 간혹 부모나 치료자가 정신분열증에서 회복되면 증상 없이 생활하는 것이 최선이고 직장은 되도록 갖지 않도록 권하기도 하는데, 이는 오히려 삶의 의미를 잃어버리게 할 수도 있다.

2) 집을 나가 떠도는 문제

집을 나가 떠도는 일명 행려자들 중 상당수가 정신분열증 환자로 밝혀지고 있다. 정신분열증 환자가 집을 나가 거리를 떠도는 것은 가족관계의 붕괴와 관계 회피에 따른 것일 가능성이 많다. 이들에게 집이 없고 가족이 없다면 사회적 고립은 더욱 심화된다. 더구나 자칫 범죄에 희생되거나 목숨을 잃을 수도 있다.

정신분열증 환자가 가족을 떠나는 대표적인 이유는 "갇혀 있는 게 싫어서" 또는 "가족들이 자신에게 가할 공격이나 비난을 피하기 위해서" 등과 같이 증상과 관련된 것이 많다. 그

렇지만 가족에게 원인이 있는 경우도 많다. 가족이 정신분열
증 환자와 같이 지내는 게 힘들어 견디다 못해 저주스러운 원
망을 하고 "없어졌으면 좋겠다" "차라리 안 태어나는 게 나을
뻔했다"는 등의 독설을 퍼부을 수 있다. 이처럼 정신분열증
환자가 가출하는 이유는 환자 자신의 문제와 가족의 문제가
결합되어 나타난다고 볼 수 있다.

결과적으로 볼 때 가족이 환자를 문제에 거칠게 직면시키
는 것은 위험하다. 환자가 아무리 형편없어 보이고 그 자신의
문제를 인식하지 못할지라도 가족이 그것을 일깨워주거나 그
것을 이유로 비난해서는 안 된다. 가족은 환자가 자신의 증상
을 충분히 인식하지 못한다는 사실을 받아들여야 한다. 이는
치료 전이나 후나 마찬가지다.

정신분열증의 주요 증상과 행동을 잘 알아두는 일도 중요
하다. 왜냐하면 환자의 어떤 행동으로 인해 가족이 화를 내는
이유는, 그것을 장애의 증상으로 인식하지 못하고 환자가 가
족을 의도적으로 화나게 만든다고 오해했기 때문이다. 그리
고 어떤 이유로든 환자가 가출을 했을 때는 그 기간이 길어지
지 않도록 해야 한다. 환자는 혼자 지내는 것을 더 편하게 느
끼므로 가출한 지 오래된 환자를 설득해서 집으로 데려오는
일은 점점 더 힘들어진다.

3) 편견과 낙인에 대처하기

정신분열증 환자의 사회복귀와 재활에 가장 큰 걸림돌은 사람들의 편견과 낙인이다. 사람들은 '한 번 정신분열증이면 영원히 정신분열증'이라고 오인하고, 정신분열증 환자는 위험하고, 무책임하며, 그 자신과 가족에게 그 원인이 있다고 생각한다. 이러한 편견과 낙인은 환자와 가족에게 지울 수 없는 상처를 남기며, 그들을 재발이나 사회적 고립으로 이끈다.

지금까지 이 책을 통해 누누이 강조한 대로 정신분열증은 누구나 걸릴 수 있다. 200명 가운데 한 명은 일생 중 한 번은 정신분열증에 걸린다. 그 한 명이 나 자신일 수도 있고 우리 가족일 수도 있다. 따라서 정신분열증에 대해 보다 정확한 지식을 가지고 그들을 대해야 할 것이다.

환자와 가족 역시 사회적 낙인과 편견에 맞설 준비를 해야 한다. 가급적 깨끗하고 단정한 외모를 유지하고, 낙인과 편견에 부딪쳤을 때는 회피하거나 고립됨으로써 더욱 증상을 악화시키기보다는 적극적으로 일하고 활동함으로써 편견과 낙인을 깨야 한다. 이를 위해서 정신분열증 환자가 가장 취약한 부분인 사회관계와 의사소통 기술이나 문제해결 기술이 요구되므로, 치료와 재활 과정에서 이 부분을 집중적으로 증진시켜야 할 것이다. ◆

7. 정신분열증은 이겨낼 수 있다

지금까지 정신분열증의 원인과 증상, 치료 및 재활과 관련해 현재까지 밝혀진 과학적 사실들을 중심으로 기술하였다. 정신분열증의 원인과 관련해서는 아직도 많은 의문이 남아있으며, 그 본질과 장애의 범위에 대해 계속 연구가 진행 중이다. 그러나 분명한 점은, 그들은 그 명칭처럼 마음이나 정신이 분열되어 정신적으로 영원한 불구가 된 사람이 아니며, 치료가 불가능한 것도 아니고, 또한 일부 특정인에게 국한된 장애이기보다는 누구나 걸릴 수 있는 장애라는 사실이다.

앞서 살펴본 대로, 정신분열증의 원인은 대체로 뇌의 어떤 기능 장애와 관련이 있다고 알려져 있으며, 경과와 재발 여부에는 가족과 주변 환경 등 심리사회적 요인이 결정적인 영향을 미칠 수 있다. 따라서 약물과 행동 훈련을 통한 뇌 기능 개선과 심리사회적 기술 증진, 가족에 대한 체계적인 교육과 사회적 여건 개선 등 종합적인 접근이 요구되는 장애임을 강조하였다. 따라서 치료와, 재활, 사회복귀에 있어서 환자와 가족, 우리 사회 모두가 할 일이 있는 것이다.

그리고 무엇보다 중요한 점은 정신분열증이 회복 가능하다는 점이다. 완전히 회복되지는 않더라도 영화 〈뷰티플 마인드〉의 실제 주인공 존 내쉬 박사처럼 정신분열증을 가진 채로도 훌륭한 사회인이 될 수 있다. 이 책이 정신분열증에 대한 올바른 인식과 긍정적 시각에 도움이 되었기를 바라며 글을 마친다. ◆

참고문헌

대한조현병학회(2011). 정신분열병 병명 개정백서: 조현병-정신분열병의 새로운 이름. 대한조현병학회.

보건복지부(2011a). 2011년도 정신질환실태 역학조사.

보건복지부(2011b). 2010년 중앙정신보건사업지원단 사업보고서. 중앙정신보건사업지원단.

어호근, 김광일(1993). 정신분열증 망상속의 박해자: 과거 10년간의 비교. 신경정신의학, 32(2), 195-201.

원호택(1997). 이상심리학. 서울: 법문사.

은홍배, 정애자 공역(1994). 정신분열증 소녀의 수기. 서울: 하나의학사.

American Psychiatric Association. (1994). *Diagnostic and statistical manual of mental disorders* (4th ed.). Washington, DC: Author.

American Psychiatric Association. (2013). *Diagnostic and statistical manual of mental disorders* (5th ed.). Washington, DC: Author.

Bendall, S., Jackson, H. J., Hubert, C. A., & McGorry, P. D. (2008). Childhood trauma and psychotic disorders: A systematic, critical review of the evidence. *Schizophrenia Bulletin, 34*(3), 568-579.

Bird, V., Premkumar, P., Kendall, T., Whittington, C., Mitchell, J., & Kuipers, E. (2010). Early intervention services, cognitive-behavioural therapy and family intervention in early psychosis: systematic review. *The British Journal of Psychiatry, 197*, 350–356.

Carpenter, W. T., & van Os, J. (2011). Should attenuated psychosis syndrome be a DSM–5 diagnosis? *American Journal of Psychiatry, 168*(5), 460–463.

Cermolacce, M., Sass, L., & Parnas, J. (2010). What is bizarre in bizarre delusions? A critical review. *Schizophrenia Bulletin, 36*(4), 667–679.

Chadwick, P. K. (1992). *Borderline: A psychological study of paranoia and delusional thinking*. London: Routledge.

Chadwick, P. K. (2006). *Person based cognitive therapy for distressing psychosis*. Chichester: John Wiley & Sons.

Chadwick, P. K., Birchwood, M., & Trower, P. (1996). *Cognitive therapy for delusions, voices, and paranoia*. Chichester: John Wiley & Sons.

Chung, Y. C., Li, C. R., & Park, J. I. (2008). What is the new name for schizophrenia?: Thought perception sensitivity disorder. *Korean Journal of Schizophrenia Research, 11*, 89–96.

Eisenberg, D. P., Aniskin, D. B., White, L., Stein, J. A., Harvey, P. D., & Galynker, I. I. (2009). Structural differences within negative and depressive syndrome dimensions in schizophrenia, organic brain disease, and major depression: A confirmatory factor analysis of the positive and negative syndrome scale.

Psychopathology, 42, 242-248.

Flett, G. L., Vredenberg, K., & Krames, L. (1997). The continuity of depression in clinical and nonclinical samples. *Psychological Bulletin, 121,* 395-416.

Frances, A. (2014). 정신병을 만드는 사람들: 한 정신의학자의 정신병 산업에 대한 경고[*Saving normal: An insider's revolt against out-of-control psychiatric diagnosis, DSM-5, big pharma, and the medicalization of ordinary life*]. (김명남 역). 서울: 사이언스 북스. (원전은 2013년에 출판)

Garety, P. A., Kuipers, E., Fowler, D. et al. (2001). A cognitive model of the positive symptoms of psychosis. *Psychological Medicine, 31,* 189-195.

Häfner, H., & an der Heiden, W. (1999). The course of schizophrenia in the light of modern follow-up studies: the ABC and WHO studies. *Eur. Arch. Psychiatry Clin. Neurosci. 249 (Suppl 4),* 14-26.

Häfner, H., Maurer, K., & Löffler, W. (1999). Onset and prodromal phase as determinants of the course. In W. F. Gattaz & H. Häfner (Eds.), *Search for the causes of schizophrenia Vol. IV: Balance of the century.* Darmstadt: Steinkopf Springer.

Hayes, S. C., Strosahl, K., & Wilson, K. G. (1999). *Acceptance and commitment therapy: An experiential approach to behavior change.* New York: Guilford Press.

Hepworth, C., Startup, H., & Freeman, D. (2013). Emotional processing and metacognitive awareness for persecutory delusions. In E. M. Morris, L. C. Johns, & J. E. Oliver (Eds.),

Acceptance and commitment therapy and mindfulness for psychosis. Chichester: Wiley-Blackwell.

Howard, R., Rabins, P. V., Seeman, M. V., & Jeste, D. V. (2000). Late-onset schizophrenia and very-late-onset schizophrenia-like psychosis: An international consensus. *American Journal of Psychiatry, 157*(2), 172-178.

Jaspers, K. (1963). *General psychopathology.* Chicago: The University of Chicago Press.

Johnston, M. H., & Holzman, P. S. (1979). *Assessing schizophrenic thinking.* San Francisco: Jossey-Bass.

Kreyenbuhl, J., Buchanan, R. W., Dickerson, F. B., & Dixon, L. B. (2010). The schizophrenia patient outcomes research team (PORT): Updated treatment recommendations 2009. *Schizophrenia Bulletin, 36*(1), 94-103.

Lencer, R., Harris, M. S. H., Weiden, P. J., Stieglitz, R. D., & Vauth, R. (2011). *When psychopharmacology is not enough.* Cambridge: Hogrefe Publishing.

Li, H., Pearrow, M., & Jimerson, S. R. (2012). *Identifying, assessing, and treating early onset schizophrenia at school.* New York: Springer.

López, S. R., & Guarnaccia, P. J. (2012). Cultural dimensions of psychopathology: The social world's impact on mental disorders. In J. E. Maddux & B. A. Winstead (Eds.), *Psychopathology: Foundations for a contemporary understanding.* New York: Routledge.

Maddux, J. E., Gosselin, J. T., & Winstead, B. A. (2012). Conceptions of psychopathology: A social constructionist perspective. In J. E. Maddux & B. A. Winstead (Eds.), *Psychopathology: Foundations for a contemporary understanding*. New York: Routledge.

Montes, J. M. G., Álvarez, M. P., & Garcelán, S. P. (2013). Acceptance and commitment therapy for delusions. In E. M. Morris, L. C. Johns, & J. E. Oliver (Eds.), *Acceptance and commitment therapy and mindfulness for psychosis*. Chichester: Wiley-Blackwell.

Morrison, A. P. (2001). The interpretation of intrusions in psychosis: An integrative cognitive approach to psychotic symptoms. *Behavioral and Cognitive Psychotherapy, 29*, 257-276.

Oliver, E. A., & Fearon, P. (2008). Schizophrenia: Epidemiology and risk factors. *Psychiatry, 7*, 410-414.

Olsen, K. A., & Rosenbaum, B. (2006). Prospective investigations of the prodromal state of schizophrenia: review of studies. *Acta Psychiatr Scand, 113*, 247-272.

Perris, C. (1988). Intensive cognitive-behavioral psychotherapy with patients suffering from schizophrenic psychotic or post-psychotic syndromes: Theoretical and practical aspects. In C. Perris, I. M. Blackburn, & H. Perris (Eds.), *Cognitive psychotherapy: Theory and practice*. Berlin: Springer-Verlag.

Sato, M. (2008). Integration disorder: The process and effects of renaming schizophrenia in Japan. *Korean Journal of Schizophrenia Research, 11*, 65-70.

Segal, Z. V., Williams, J. M. G., & Teasdale, J. D. (2002). *Mindfulness-*

based cognitive therapy for depression: A new approach to preventing relapse. New York: The Guilford Press.

Shah, S., Mackinnon, A., Galletly, C., Carr, V., McGrath, J. J., Stain, H. J., Castle, D., Harvey, C., Sweeney, S., & Morgan, V. A. (2014). Prevalence and impact of childhood abuse in people with a psychotic illness: Data from the second Australian national survey of psychosis. *Schizophrenia Research, 159*, 20–26.

Steel, C., & Smith, B. (2013). CBT for psychosis: An Introduction. In C. Steel (Ed.), *CBT for schizophrenia: Evidence-based interventions and future directions.* Chichester: Wiley-Blackwell.

Tandon, R., Keshavan, M. S., & Nasrallah, H. A. (2008). Schizophrenia, "Just the Facts": What we know in 2008: Part 1: Overview. *Schizophrenia Research, 100*, 4–19.

Tandon, R., Nasrallah, H. A., & Keshavan, M. S. (2009). Schizophrenia, "Just the facts" 4. Clinical features and conceptualization. *Schizophrenia Research, 110*, 1–23.

Tandon, R., Nasrallah, H. A., & Keshavan, M. S. (2010). Schizophrenia, "Just the Facts" 5. Treatment and prevention Past, present, and future. *Schizophrenia Research, 122*, 1–23.

Tandon, N., Shah, J., Keshavan, M. S., & Tandon, R. (2012). Attenuated psychosis and the schizophrenia prodrome: Current status of risk identification and psychosis prevention. *Neuropsychiatry, 2*(4), 345–353.

Temes, R. (2002). *Getting your life back together when you have schizophrenia.* Oakland: New Harbinger Publications, Inc.

Thomas, N., Morris, E. M. J., Shawyer, F., & Farhall, J. (2013). Acceptance and commitment therapy for voices. In E. M. Morris, L. C. Johns, & J. E. Oliver (Eds.), *Acceptance and commitment therapy and mindfulness for psychosis*. Chichester: Wiley-Blackwell.

Torrey, E. F. (1995). *Surviving schizophrenia: A manual for families, consumers and providers* (3rd ed.). New York: HarperPerennial.

Tsuang, M. T., Faraone, S. V., & Glatt, S. J. (2011). *Schizophrenia* (3rd ed.). Oxford: Oxford University Press.

van Nierop, M., Viechtbauer, W., Gunther, N., van Zelst, C., de Graaf, R., ten Have, M., van Dorsselaer, S., Bak, M., Genetic Risk and Outcome of Psychosis investigators, & van Winkel, R. (2015). Childhood trauma is associated with a specific admixture of affective, anxiety, and psychosis symptoms cutting across traditional diagnostic boundaries. *Psychological Medicine, 45*(6), 1277-1288.

Varese, F., Smeets, F., Drukker, M., Lieverse, R., Lataster, T., Viechtbauer, W., Read, J., van Os, J., & Bentall, R. P. (2012). Childhood adversities increase the risk of psychosis: A meta-analysis of patient-control, prospective-and cross-sectional cohort studies. *Schizophrenia Bulletin, 38*, 661-671.

Watters, E. (2011). 미국처럼 미쳐가는 세계: 그들은 맥도날드만이 아니라 우울증도 팔았다[*Crazy like US: The globalizaion of the American psyche*]. (김한영 역). 서울: Archive. (원전은 2010년에 출판).

Wells, A. (2000). *Emotional disorders and metacognition: Innovative cognitive therapy.* Chichester: John Wiley & Sons.

Winner, E. (1982). *Invented world: The psychology of the arts.* Cambridge: Harvard University Press.

World Health Organization. (1992). *The ICD-10 classification of Mental and Behavioral disorders: Clinical descriptions and diagnostic guidelines.* Geneva: Author.

Zubin, J., & Spring, B. (1977). Vulnerability: A new view of schizophrenia. *Journal of Abnormal Psychology, 86*, 103-126.

찾아보기

◎ 저자 소개

이훈진(Lee, Hoon-Jin)
서울대학교 심리학과를 졸업하고 동 대학원에서 임상심리학 전공으로 박사학위를 받았다. 서울대학교병원에서 임상심리 레지던트 과정을 수료하였으며, 임상심리전문가 및 정신보건임상심리사(1급), 인지행동치료전문가 자격을 취득하였다. 한림대학교 심리학과 교수, 서울대학교 학생상담센터장, 캐나다 브리티시컬럼비아 대학교(University of British Columbia) 방문교수를 역임하였고, 현재는 서울대학교 심리학과 교수로 재직 중이다. 주요 저·역서로는 『심리장애의 인지행동적 접근』(공저), 『우울증의 인지치료』(공역), 『MMPI-2: 성격 및 정신병리 평가』(공역), 『약 없이 우울증과 싸우는 50가지 방법』(공역), 『조지 켈리: 인지구성주의의 선구자』(역), 『긍정심리치료』(공역), 『긍정심리치료: 치료자 가이드』(공역), 『임상심리학』(공역), 『건강심리학』(공역), 『편집성 성격장애』(2판) 등이 있다.

이준득(Lee, Jun Deuk)
성균관대학교 심리학과를 졸업하고 서울대학교 대학원 심리학과에서 임상심리학 전공으로 석사학위를 받았으며, 현재 박사과정 수료 후 연구생으로 재학 중이다. 서울아산병원에서 임상심리 레지던트 과정을 수료하였으며, 임상심리전문가, 정신보건임상심리사(1급) 자격을 취득하였다. 서울대학교병원 신경정신과 외래 임상심리전문가, 서울아산병원 정신건강의학과 임상심리 수련감독자를 역임하였다.

ABNORMAL PSYCHOLOGY 10

정신분열증 현실을 떠나 환상으로

Schizophrenia

2016년 3월 25일 2판 1쇄 발행
2021년 1월 20일 2판 2쇄 발행

지은이 • 이훈진 · 이준득
펴낸이 • 김 진 환

펴낸곳 • (주)**학지사**

04031 서울특별시 마포구 양화로 15길 20 마인드월드빌딩 5층

대표전화 • 02) 330-5114   팩스 • 02) 324-2345

등록번호 • 제313-2006-000265호

홈페이지 • http://www.hakjisa.co.kr
페이스북 • https://www.facebook.com/hakjisabook

ISBN 978-89-997-1010-0 94180
     978-89-997-1000-1 (set)

정가 **9,500**원

이 도서의 국립중앙도서관 출판 시 도서목록(CIP)은 서지정보유통지
원시스템 홈페이지(http://seoji.nl.go.kr)와 국가자료공동목록 시스템
(http://www.nl.go.kr/kolisnet)에서 이용하실 수 있습니다.
(CIP제어번호: CIP2016005539)

출판 • 교육 • 미디어기업 **학지사**

간호보건의학출판 **학지사메디컬** www.hakjisamd.co.kr
심리검사연구소 **인싸이트** www.inpsyt.co.kr
학술논문서비스 **뉴논문** www.newnonmun.com
원격교육연수원 **카운피아** www.counpia.com